कैलाश-मानसरोवर
Kailash-Mansarovar

Neel Kantha Parvat
नीलकण्ठ पर्वत

Sri Badri Nath
श्री बद्री नाथ जी

Sri Kedar Nath
श्री केदार नाथ जी

Hemkunt Sahib

Nanda Devi (7818 mts.)
नन्दा देवी

Madmaheshwar
Rudranath
Gopeshwar
Vridh Badri
Kalpeshwar Koti
Chamoli
Govind Dham
Govind Ghat
Bhavishya Badri

Panch Badri — पंचबद्री
1. Sri Badri Nath श्री बद्रीनाथ
2. Adi Badri आदिबद्री
3. Bhavishya Badri भविष्यबद्री
4. Vridh Badri वृद्धबद्री
5. Yog Badri योगबद्री

Panch Kedar — पंचकेदार
1. Sri Kedar Nath श्री केदारनाथ
2. Madmaheshwar मदमहेश्वर
3. Tungnath तुङ्गनाथ
4. Rudranath रुद्रनाथ
5. Kalpeshwar कल्पेश्वर

Panch Prayag — पंचप्रयाग
1. Devprayag देवप्रयाग
2. Rudraprayag रुद्रप्रयाग
3. Karnaprayag कर्णप्रयाग
4. Nandaprayag नन्दप्रयाग
5. Vishnuprayag विष्णुप्रयाग

Gurudwara Sri Hemkunt Sahib
गुरुद्वारा श्री हेमकुण्ट साहिब

उत्तराखण्ड श्री हेमकुण्ट यात्रा
ऋषिकेश से श्रीनगर 105 कि.मी. मोटर मार्ग
श्रीनगर से जोशीमठ 145 कि.मी. मोटर मार्ग
जोशीमठ से गोविन्दघाट 20 कि.मी. मोटर मार्ग
गोविन्दघाट से गोविन्दधाम 15 कि.मी. पैदल मार्ग
गोविन्दधाम से हेमकुण्ट 5 कि.मी. पैदल मार्ग
गोविन्दधाम (घांघरिया) से फूलों की घाटी
5 कि.मी. पैदल मार्ग

Uttarakhand Sri Hemkunt Yatra
Rishikesh to Srinagar 105 km Motor Rd
Srinagar to Joshimath 145 km Motor Rd
Joshimath to Govindghat 20 km Motor Rd
Govindghat to Govinddham 15 km Trek
Govinddham to Hemkunt 5 km Trek

히말라야의 수행자들

사진·글 혜진 스님

불광출판부

책으로 펴내며

'삶이란 무엇인가.' '나는 누구인가.'

1972년 송광사 방장이셨던 구산 스님께서는 불문(佛門)에 눈을 뜨게 해주시고 나는 스님께 화두까지 받는 불은(佛恩)을 입었다. 화두와 씨름하고 끙끙거린 지 십 년. 온갖 번뇌망상에 시달리다 인도 성지순례길에 올랐다. 구산 스님께서는 재가불자로 서 있는 그 자리에서 보살행을 하라고 하셨지만 1년에 절반은 절에서 생활을 하곤 했다. 그렇게 공부하면서 생긴 망상 중에 하나는 히말라야에 가면 깨달음을 얻을 수 있을 것만 같았다. 석가모니 부처님의 설산고행 6년에 매료되어 히말라야로 오게 된 것이다. 그리고 또 하나의 계기를 굳이 찾는다면 스와미라마의 『히말라야의 성자들』을 읽고, 그 내용들을 직접 확인해보고 싶었다.

인도, 네팔, 시킴, 부탄, 라닥, 다질링 등지를 십여 년 동안 낭인(浪人)으로 떠돌며 겨울에는 바라나시나 부다가야의 마하보디 대탑에서, 여름에는 히말라야의 강고트리나 설산, 그리고 라닥의 티벳절에서 지냈다. 그리고 그 곳에서 힌두의 성자들이나 티벳의 라마들, 린포체들을 접하고 만났다.

강고트리에 있으면서 만난 성자와 요기들, 그 중 무소유의 성자 스와미 디네샤난다, 눈썹과 수염이 백발인 스와미 한사난다지, 해피 부다 같은 스와미 락시만다스지, 하루에 차 두 잔씩만 마시고 사는 카트만두 파슈파티나트 사원의 성자 두다 다리 바바, 그리고 리시케시 시바난다 아쉬람의 스와미 치타난다지 등 수없이 많은 성자와 요기들을 만나면서 떠돈 지 또 십 년이 흘렀다. 낭인으로 떠돌며 그동안 쌓였던 의문이나 결핍을 속이는 만행으로 십여 년의 세월이 또 흘렀고, 어느덧 내 나이도 쉰 살이 넘었다.

등잔 밑이 어둡다고 했던가. 밖으로 찾아다니던 결핍도 이제는 사라지고 지친 채 바라나시 강둑에 앉아 흘러가는 강물을 바라보며 자문 자답한다.
 '이제 어디로 가려나.'
 '… …'
 노젖는 뱃사공의 노랫소리와 순례객들의 왁자지껄한 소리에 정신을 차리고 하늘을 바라보니 별들이 졸고 있구나.

 가야 할 곳 없는 길을
 가고 있는 낭인 한 사람.
 반기는 사람 없지만
 오늘도 발길은 가볍다.
 유유히 흐르는 마더 강가 갠지스
 발가락 사이에 밟히는 소똥
 인파 속에 뒤섞여 흘러가고 있는
 영원한 방랑자
 오! 그대는 누구인가.
 지친 몸 이리 와서 차나 한 잔 하세 그려.

 우리가 스스로 체험하고 맛보고 음미하는 것 이상으로 삶에 있어 값진 선물은 없으리라. 이 책에 실린 사진과 그림은 구도에 대한 목마름으로 떠났다 돌아오기를 거듭한 내 여정의 발자취이다. 분명 그동안 아무도 밟아보지 않았던 길이 저 앞에 기다리고 있다. 선문(禪門)에서 보여지는 심우도(尋牛圖)처럼 우리는 우리 자신의 발자욱을 찾아 길을 나서야 겠다. 이 책을 통해 그 목마름이 더욱 간절해 지길, 그리고 조금이나마 그 목마름을 해소할 수 있기를 기원해본다
  불기 2541년 불탄일 석혜진 합장

차례   히말라야의 수행자들

설산으로 가자! —— 13
히말라야의 성자들 —— 17
백살이 넘은 성자 —— 20
무소유의 성자 —— 23
스와미 치타난다지 —— 27
브라흐마 차이탄야 —— 29
스와미 순례라난다 —— 30
발가벗고 사는 성자 —— 34
히말라야의 해피 부다 —— 38
리시케시의 아침 —— 40
데오르라야그 —— 43
수달산 —— 44
강고트리의 순례자들 —— 46
강고트리 폭포 —— 49
강고트리 사원 —— 51

강고트리의 사두들이 수행하는 토굴! —— 53

당나귀 똥구멍 사건 —— 54

케다르나트 사원으로 가는 길 —— 57

케다르나트 사원 —— 60

음식의 스승 —— 62

아고리 바바 —— 65

신들린 할머니 사두 —— 68

한손 들고 수행하는 사두 —— 72

한 다리를 들고 수행하는 사두 —— 75

한 다리로 좌선하는 요기 —— 78

바드리나트의 요기 —— 79

요기 —— 81

83세의 요기 —— 83

눈만 뜨면 춤추고 노래하는 성자 —— 85

요기와의 대결 —— 88

개들과 사는 사두 —— 93

사두에게 기치료 해주며 —— 95

원숭이아 같이 사는 사두 —— 98

옛날 옛적에 산신령이 —— 101

자이나 교의 성자 —— 103

거지에게도 수준이 있나? —— 107

코브라와 대결 —— 111

코끼리 발을 가진 사나이 —— 113

엉치에 뿔난 소 —— 116

야무나 강에 떠내려 오는 아기 시체 —— 118

미친 딸 친미 —— 121

파슈파티나트 사원의 시바라트리 페스티벌 —— 125

카트만두의 힌두사원 —— 132

쿰바멜라 페스티벌 —— 134

화장터의 하루 —— 138

보다나트 대탑 —— 142

마하 깔라 상 —— 145

탁발 —— 146

강가 목욕 —— 150

하루에 목욕 세 번 하는 고행 —— 155

바라나시의 다비장 —— 158

인도의 문둥이 —— 160

인도 벽화 —— 162

반다라 —— 164

맨발의 낭인 —— 167

부다가야의 금강보좌 —— 170

"신은 하나야!" —— 174

의식의 집중력 —— 177

기공을 가르치며 —— 179

돈에 귀의한 제자 —— 182

스승에게 귀의 —— 185

히말라야의 수행자들

설산으로 가자!

히말라야 하면 바로 눈 앞에 떠오르는 것이 눈 덮인 설산과 수행자이다. 그러나 네팔 포카라[1]까지 와도 설산은 저 멀리 보일 뿐이요, 인도 북부의 라닥이나 강고트리, 케다르나트, 바드리나트에 와도 눈을 밟기란 힘들다. 겨울에는 못 오게 되어 있으니 그렇겠거니 하지만 딱히 그런 것만도 아니다.

실상이 이러니 성자들, 요기들, 거기다 석가모니께서 고행하셨던 만년설 덮인 설산이 어디인지 도통 감이 잡히지 않는다. 그렇다. 부처님은 룸비니 동산에서 태어나셔서 비하르 주로 내려 오시면서 고행하시다 부다가야 전정각산에서 6년, 그후 부다가야의 금강보좌까지 오셔서 대각을 이루셨는데 그렇다면 그곳으로 오시기 전 히말라야의 설산에도 계셨다는 얘기가 된다.

부처님께서 만나 가르침을 받은 두 선인 알라라 카라마(Alara Kalama)와 우다카 라마푸타(Uddaka Ramaputta), 이분들도 설산에 계셨던가? 스님들께 여쭈어봐도 명확하게 대답해 주시는 분이 없다.

어쨌든 설산으로 가보자! 나는 등산을 좋아하거나 산에 많은 관심을 가지고 있는 사람은 아니다. 그러나 산은 좋다. 특히 설산은 무척 신비하게 느껴진다. 어릴 때 만화 속에서 만난 산신령 할아버지를 만날지도 모르리라. 개울물 소리, 새 소리, 꽃들의 해맑은 웃음이 한껏 벙그러져 맞으리라.

많은 바람 속에 기대 부풀어 설산으로 들어간다. 이곳 히말라야 곳

1 포카라
네팔 히말라야에 위치한 도시 이름. 많은 관광객과 순례객이 찾아오며 호수가 있고 설산이 보이는 아름다운 도시.

히말라야 스메르 설봉과 케다르나트 사원으로 올라가는 순례객들. 은빛 봉우리가 저녁 노을에 발갛게 물드는 신비는 정말 잊을 수 없는 장관이다.

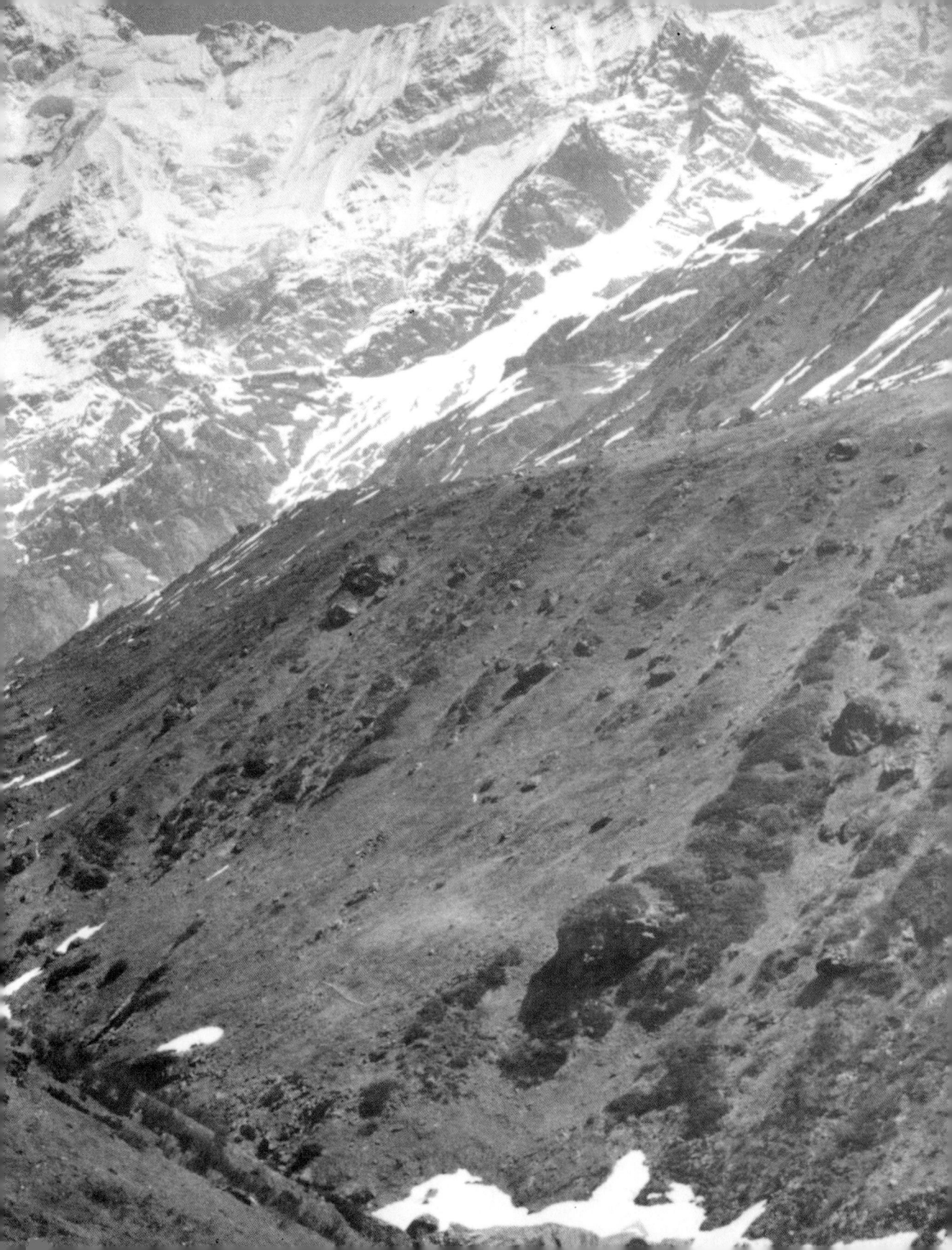

곳에 토굴이나 움집을 짓고 깃발을 꽂고 살고 있는 사두[2], 수행자들은 사람을 만나면 언제나 반긴다. 따뜻한 차 한 잔에 여독은 봄 눈 녹듯 녹고 오랜 친구나 도반 같은 느낌이다. 마른 음식이 나오고 가끔 과일도 나온다. 거기다 신전의 향내음이 고국의 법당을 연상케 한다.

설산, 신비, 신(神), 수행자, 순례객 그리고 영원한 방랑자. 오늘도 이곳에서 하룻밤을 묵는다.

"자, 다들 설산으로 오세요. 당신이 바라는 모든 것이 기다리고 있습니다."

어디서 많이 들어 본 소리다. 길거리 약장수 외침 같구나.

2 사두
힌두교의 출가자. 수행자의 총칭

히말라야의 성자들

1989년 리시케시에서 『히말라야의 성자들』이라는 저서를 낸 스와미 라마를 친견할 기회가 있었다. 미국 펜실베니아에 히말라야 연구소를 개설하고 있고 이곳 리시케시의 아쉬람[3]에 3개월여 머물면서 제자들을 지도하고 계신다.

내가 아쉬람을 방문했을 때는 오전 10시 경이었고 몇몇 방문객들이 스와미 라마를 기다리고 있었다. 정원에는 아름다운 꽃과 나무들로 잘 가꾸어져 있고 갠지스의 흐르는 노래 소리가 들려오는데 건너편 정원 사이로 양쪽에 제자들을 거느리고 나오신다. 붉은 법복에 키가 훤칠하다. 인사를 드리고 안내받아 들어간 곳은 서재인데 많은 저서들 중 눈을 끄는 두 권의 저서가 한글로 된 히말라야의 성자들 상, 하권이다. 아주 반갑다.

"저서에 쓰신 히말라야의 성자들의 신통과 생활이 사실입니까?" 하고 물었더니 차분히 "그렇습니다." 하고 대답한다. 그래서 다시, "지금 강고트리와 히말라야 순례길에 오르는데 도움주실 말씀 부탁드립니다." 했더니 여러 가지로 말씀을 해주시며 저녁 식사에 초대하셨다. 그때 다시 얘기하잔다.

아쉬람 곳곳을 안내받아 둘러보고 나오는 기분은 아주 상쾌하다. 미지의 세계 히말라야의 성자들을 만나본다는 어떤 기대감과 흥분이 전신을 감싼다. 저녁에 미국과 세계 각지에서 온 제자들과 식사를 하며 담소를 나누고 한국에 대한 관심도 표명하신다. 히말라야의 순례

3 아쉬람
힌두교의 수행자, 출가자, 사문들이 모여서 수행하고 경전 공부하며 기도하는 사원

길에 큰 힘이 솟는다. 꼭 다녀와서 다시 만나자고 전송해주신다.

떠나자. 그리고 온 몸으로 부딪치며 느끼자! 세계의 지붕, 모든 정신적 구도의 길에 들어선 성자들의 안식처, 하이얀 눈 속에 신성한 꽃을 피어나게 하는 설산(雪山)!

떠나는 내게 스와미 라마는 『히말라야의 성자들』 영문판 상, 하 권에 직접 사인을 해주신다.

◀ 히말라야 성지 리시케시의 스와미 라마 아쉬람에서 저녁 초대를 받고 서재에서 자신의 저서에 싸인을 하여 필자에게 선물해 주는 스와미 라마. 저서들이 책장에 질서정연하게 정리되어 있다.
"당신이 아니시라면 그 누가 저에게 '고통의 연꽃 위에 고요히 앉아 있는 기쁨'과 세속의 모든 것을 송두리째 던져버리고 할 말을 잊게 되는 호쾌한 기쁨'을 깨닫게 해주면서 기쁨과 슬픔의 강물들을 내 인생의 노래로 합류시켜 줄 수 있을까요?" -스와미 라마-

백살이 넘은 성자

말로만 들어오던 백 살이 넘은 성자가 살고 있다는 토굴을 향해 스와미 라가바난다[4]와 같이 올라갔다. 올라가는 도중 히말라야의 절경과 신비는 정말 글로써 어떻게 표현할 수가 없었다. 지금도 그 향취가 코에 스며든다. 모든 것은 스스로 체험해야 한다고 본다. 전혀 먼 거리 같지 않다. 한 발자국 한 발자국이 신비이니….

히말라야의 은빛 빙하와 만년설, 거기서 흘러내리는 강물에 얼굴을 축이며 발을 담그면 콧노래가 절로 나온다. 그때는 수행이고 고행이고 다 어디로 갔는지 사라져 버린다. 낮에는 날씨도 그렇게 춥지가 않다. 새들의 지저귐과 꽃들의 춤 속에 강물은 연주하고 바위는 북을 친다. 그리고 갑자기 고요와 정적이 온 주위를 감쌀 때 깊은 침묵 속으로 침잠해 가는 의식을 바라본다.

어느덧 초막에 당도하여 안으로 들어가니 백발이 성성한 노인이 앉아 있다. 스와미 라가바난다가 소개하기도 전에 나를 빤히 쳐다 보는데 상상했던 노인하고는 천지 차이다. 달마대사의 응시랄까? 뚫어져라 응시하는 시선을 어떻게 할 줄 모르고 있는데 벌써 칼날 같은 시퍼런 서릿발 섬광이 이 가슴 속으로 굽이쳐 들어옴을 느낀다.

'어이쿠, 정말 살아있는 성자를 만났구나!' 전신에 신비한 전율이 흐르며 의식이 몽롱해진다. 어떤 말보다도 강력한 영적인 힘, 생동하는 어떤 흐름. 나의 육식과 잠재의식 그리고 세세생생 윤회하며 쌓여 있는 무의식의 산이 한꺼번에 녹아내린다. 아! 영적인 체험, 사하자

[4] 스와미 라가바난다
시바난다 아쉬람에서 스와미 치타난다를 스승으로 모시고 수행하고 있는 젊은 사문. 겨울에는 시바난다 아쉬람 도서관에서 일하고 있고 여름에는 강고트리의 시바난다 석굴에서 수행하고 있다.

스리 스와미 한사난다 틸트지(Sri Swami Hansananda Tirthji). 1992년에 108세 였음.

삼마디(Sahaja Samadi), 마하 삼마디(Maha Samadi). 시공이 녹아 내린다.

얼마나 지났을까? 나는 나도 모르게 엎드려 절을 하고 있는 나를 발견하고는 여기가 히말라야구나 하고 돌이킨다. 도저히 백 몇십 세라고는 믿기지 않는다. 거기다 저런 영적인 힘이 솟아나는 것은 더 커다란 신비다.

그동안 많은 사두와 바바[5], 영적인 수행자들과 성자들을 친견했다. 친견하는 순간 벌써 어느 정도의 영적인 과정에 도달해 있는지를 금방 느낄 수 있었다. 과일에 비유하자면 이해하기 쉽다. 이제 익을 준비를 하는 풋과일, 어느 정도 익은 과일 등등. 수행의 힘은 속이지 못한다. 많은 사람은 아직 풋과일인 채로 각자 자기 아만과 교만 그리고 꾸밈 속에서 이곳 히말라야라는 무대를 배경으로 연극하고 있다.

말 없는 히말라야, 분별 없는 성지. 히말라야는 스스로 성스럽다. 고고하다. 스스로 영적이라 내세우지 않건만 우리는 스스로 부질없이 바쁘다.

하레 옴 옴 나모 나라야나 야!

---

5 바바
힌두교의 수행자. 격이 조금 높다. 나가 바바, 모니 바바 등 많은 부류가 있다.

무소유의 성자

8년 전 이곳 카트만두 보다나트 대탑에 참배하러 왔다가 입구에 앉아 있는 한 사두와 눈이 마주치는 순간 뭔가 번쩍하고 스파크가 일어나는 것을 느꼈다. 그래서 그날 오후부터 그의 곁에 앉았다. 나중에 알고 보니 그 사두는 아무도 자신의 곁에 앉는 것을 허락하지 않는다 했는데 나에게는 예외였던 모양이다. 새벽 다섯 시면 깔개와 깡통을 들고 나오셨다. 나는 미리 가서 기다리고 있다가 큰절을 올리고 옆자리에 앉았었다.

그곳을 떠나온 후, 올 겨울 바라나시에 있다가 갑자기 어떤 느낌이 있어 예정에도 없던 일정을 만들어 카트만두로 가보았다. 항상 앉아 계셔야 할 자리에 가보았지만 안 보인다. 이상하다는 느낌에 옆사람들에게 물어보았더니 아파서 누워 계신 지 두 달이 되었다고 한다. 작년까지만 해도 건강하셨는데….

당장 린포체가 사는 집으로 달려갔다. 라마[6]가 시봉하고 있다. 천으로 온 몸을 덮고(얼굴까지) 누워 계신다. 나는 울컥 솟아오르는 느낌을 억누르며 "닌다 텐진 린포체[7]님!" 하면서 린포체 몸에 얼굴을 묻었다. 대답이 없으시다. 얼마나 지났을까 밖에서 웅성거리는 소리에 정신을 차리니 몇몇 사람들이 모여 있다. 그리고 10시간 뒤 입적하였다.

주변에는 평소에 쓰시던 북, 요령, 금강저, 바라 등이 남아 있었다. 그냥 촛불 밝히고 향 피우고 음식 준비하여 천도예식을 시작하니 많은 사람들이 모여든다. 닌다 텐진 린포체. 이곳 대탑에 48년째 앉아

6 라마
티벳 불교의 출가자, 승려를 총칭하여 라마라 함.

7 닌다 텐진 린포체
부탄이 고향이며 48년 전 이곳 카트만두 보다나트 대탑에 앉아 티벳인들에게 설법과 수기를 주시며 대중 속에서 무애행을 실천한 성자. 1995년 2월 입적하였다. 린포체는 대사(大師)를 칭한다.

▲ 카트만두 보다나트 대탑 위에 햇살이 비치면 사방으로 눈을 부라리고 있는 대탑이 기지개를 펼 때 이곳 입구에 48년째
앉아 계시는 무소유의 스승 닌다 텐진 린포체께 차 공양을 올리러 오는 사람들이 있다. 보통 하루에 커다란 보온병으로 5병 정도가 들어온다.
처음 친견시 추운 날씨에 차를 따라 주시는 법은(法恩)이 너무 감사하게 느껴진다. 그러나 연거푸 권해오는 차를 'no' 라는
대답을 안 하기로 결심한 터라 계속 찻잔을 채우다보니 하루 20잔 이상 마시게 되는 고행을 겪었다. 위장이 쓰려오고 어떤
때는 달려나가 구토까지 하는 일이 벌어졌다. 그러나 'no' 라는 부정은 결코 하지 않고 넘겼다.
어느 날 '마하무드라' 의 경지를 느끼게 해주시는 축복이 왔다. 차를 권하고 있는 닌다 텐진 린포체.

◀ 오전 11시경 되면 순례객들도 점심 공양하러 가고 대탑 주위가 고요한 정적으로 감싸일 때 린포체께서는
웃통까지 벗고 햇살을 쪼이며 실패에 실을 감는다.
앉았다 하면 하루에 한두 번 자리에서 일어날 정도다. 건너편에 앉아 있는 필자는
무료하던 중 살짝 한 컷 하고는 '왜 실을 감고 있을까' 하고 의심해본다.
혹시 무위지위(無爲之爲) 즉, 함이 없이 하는
행위의 도리를 보여주고 계시는 것은 아닌지… 하고 망상을 피워본다.

계시면서 티벳, 부탄, 네팔의 순례객들에게 법문과 동사섭으로 중생 구제를 해오시던 분. 이곳 우편엽서에는 티벳의 성자로 알려져 있는 분으로서 당시 76세였다.

아래는 마대 푸대로 치마같이 둘러 입으시고 위에는 누가 보시했는지 핑크색 여자 코트를 입으셨고 평생 세수나 손도 씻지 않으셨지만 냄새 하나 나지 않았다. 그리고 손에는 항상 염주가 들려 있는 티벳인들의 살아 있는 스승이셨다. 무소유의 스승을 이곳에서 만날 줄이야!

이곳에서는 향불이 타오르고 아침이 밝아올 때면 참배객들이 오체투지하며 염불소리가 온 대탑을 울려퍼진다. 그때 누군가가 차를 공양한다. 이곳에서 마시는 아침의 차, 정말 신비한 맛이 돈다. 삼 년째쯤되었을까 어느 날이었다. 린포체께서는 아무 말씀도 없으시더니 어떤 젊은이가 오니 나에게 통역을 시켰다. 젊은이에게 무엇에 대하여 관심이 있느냐고 물어 보란다.

그래서 젊은이가 마하무드라[8]에 대해서 관심이 있다고 했더니 아무 말씀도 안 하시고 30분 가량 앉아 계시더니 갑자기 일어나신다. 평소 한번 앉으시면 일어나는 것을 못 보다가 나도 벌떡 따라 일어섰다. 그리고 탑 밖으로 나가 탑돌이를 하신다. 나도 그 뒤를 따라 탑을 한 바퀴 돌고 보니 세자리로 돌아와 도로 앉으신다. 아무 말씀도 없다. 그 순간 아하! 이것이 마하무드라에 대한 대답이구나 하는 것을 알아 차릴 수 있었다. 티벳 불교의 최고봉이요, 핵심인 마하무드라!

다비식을 해드리는데 두개골에서 오색 빛이 방광한다. 주위에 모인 사람들도 흥분하기 시작한다. 어떤 말 못할 영적인 신비가 감돈다. 그리고 일주일 동안 천도식을 올리고 두개골 뼈 몇 개를 모시고 왔다. 시봉하던 라마가 린포체가 쓰시던 북, 요령, 금강저를 나에게 준다.

다음날부터 나는 혼자 그 자리에 앉아 있었다. 감회가 무량했다. 무소유의 스승, 대중과 중생 속에서 함께하시던 스승. 오늘도 대탑의 눈은 사방으로 빛나고 기원문의 깃발들은 성난 문어다리마냥 소리를 내며 흔들리고 있었다.

8 마하무드라
티베트 불교 최상승의 경지

스와미 치타난다지

히말라야 리시케시의 대표적 아쉬람인 스승의 이름을 딴 시바난다 아쉬람을 이끌어가고 있는 스와미 치타난다지. 여름이면 이곳 히말라야 강고트리의 석굴에 와서 정진한다. 이곳 석굴은 스승이신 시바난다께서 수행하던 곳이다.

처음 스와미 치타난지를 만났을 때 느끼는 감정은 꼭 어느 선사를 친견하는 분위기였다. 불교와 선에 대해서도 아주 깊은 통찰력을 갖고 있다.

그 다음 매년 이곳 리시케시나 히말라야의 강고트리에서 친견할 기회가 자주 있었다. 어느 날 강고트리의 시바난다 성전에 오셔서 가끔 명상하시던 석굴에 들르셨다. 그리고 몇몇의 제자들에게 설법하실 기회가 있었다. 내가 여기에 동참하고 있다는 것을 아시고 그런지 '달을 가리키는 손가락'에 대해서 한 마디 하신다.

"우리 모두 달을 바로 봐야지 손가락에 왜 매달리나? 모든 경전이나 수행 방법에 매달리지 말고 특히 요가 아사나에 집착하지 말고 단박에 신성으로 들어가!"

돈오돈수의 설법이 이곳 히말라야에서 힌두교 성자로부터 흘러 나온다.

브라흐마 차이탄야

젊은 시절 대망을 꿈꾸며 학문과 사회생활을 하다 어느 날 구도의 길에 올라 이곳 히말라야의 강고트리까지 와서 요가 니케탄이라는 토굴 겸 조그마한 아쉬람을 짓고 살아가고 있는 수행자 브라흐마 차이탄야. 일찍이 결혼도 했었고 또 수십 년 이곳에서 수행생활 한 체험담을 서로 나누고 있다. 지금도 타임지나 영자신문을 구독하고 있으며 많은 분야에 아주 박학다식한 견해를 갖고 있다.

스와미 순데라난다

▲조그만 토굴. 모아놓은 수석과 괴목들로 토굴이 장엄되어 있다. 히말라야의 성자들 수행생활에 대해 담소를 나누고 있다.

▶ 65세의 나이인데도 육체는 30대를 방불케하는 건강한 모습이다. 매일 아침 요가를 하고 뒷산을 오르내린다. 그리고 명상에 잠겨 있는 스와미.

히말라야의 설산이라면 오지까지 구석구석 순례길에 오르고 인도에서 설산의 신비를 카메라에 담아 뉴델리 화랑에서 몇 차례의 개인전까지 가진 수행자 요기 스와미 순데라난다. 매일 새벽에 일어나 목욕의식을 끝낸 뒤 요가를 계속하고 있다

폭포 옆 3미터 거리에 토굴을 짓고 사는 성자 스와미 순데라난다. 나이가 70이 다 되어가지만 매일 아침 산으로 올라갔다 내려와서는 요가수행을 하고 있다. 피부가 굉장히 부드럽고 탄력이 있다. 건강미가 철철 넘쳐 흐른다. 오후에는 방문객들에게 설법하시고 2년 전 입문한 전직 의사 제자가 시봉들고 있다. 지금 묵언수행 중이다.

자파티[9]는 태양열로 구워서 먹는다. 가끔 방문하면 나는 맛있는 차를 대접받고 쉬다 온다. 뭔가 이해 못할 신비가 느껴져 좋다. 가끔은 갑자기 어디론가 다녀오기도 하는데 어딜 갔다 왔느냐고 물어보면 히말라야 설봉을 넘어 다녀왔다고 한다. 산소마스크도 필요없다.

9 자파티(Chapatti)
인도 사람들의 주식. 밀가루로 넓적하게 둥글게 펴서 구운 빵.

발가벗고 사는 성자

힌두교의 4대 성지 중 한 곳이며 히말라야 갠지스 강의 원류인 고목이 자리잡고 있는 강고트리의 석굴에서 나체로 수행하고 있는 스와미 디네샤난다와 첫 만남에서 장삼을 가리키며 대뜸 거추장스런 옷 벗으라며 한마디 한다.

석굴 앞 마당에서 아침 햇살을 쪼이고 있는 스와미 디네샤난다. 피부가 무척 탄력이 있고 생기 넘치며 부드럽다. 필자가 만져보니 따뜻한 영적인 에너지가 느껴져온다.

10 강고트리
힌두교 사대 성지 가운데 한 곳이며 갠지스 강의 원류가 시작되는 곳이기도 한 해발 3,140m에 위치한 히말라야의 성지.
이곳에 사원이 있고 수행자, 성자들의 아쉬람과 석굴이 있다.

히말라야의 강고트리[10)]는 해발 3,140 미터이다. 여기서 또 20분 정도 올라가면 벼락맞은 나무가 나오고 6월인데도 곳곳에 아직도 눈이 녹지 않았다. 잘 살펴보면 이곳엔 석굴이 있다. 일찍이 이곳에는 옷을 안 입고 무소유를 실천하며 사는 성자가 있다는 소식을 듣고 스와미 라가바난다의 안내로 올라갔다. 바람이 씽씽 세차게 불어온다. 안으로 들어가니 제자 둘과 앉아서 명상하고 있는 모습이 나타난다. 스와미 디네샤난다라고 했다.

절을 하고 보시금을 꺼내 놓았더니 도로 밀어서 돌려보낸다. 그러면서 옆에 앉으라 해서 앉았더니 대뜸 내 장삼을 잡으며 왜 이런 거추

장스런 옷을 걸치고 다니느냔다. 갑자기 속에서 울화가 치민다. 그래서 한번 해보자 싶어 얘기를 꺼냈다.

"당신은 옷도 안 입고 발가벗고 사느냐?"

"그렇다."

"꿈 속에서도 옷을 안 입고 사시오?"

"그럼."

"그러면 꿈도 없이 깊이 잠잘 때는 어떠하시오?"

"…?"

못 알아 듣는다. 우리가 진짜 옷을 벗고 무위진인(無爲眞人)으로 삶을 만끽하려면 이 세 층의 의식의 옷을 벗어 던져야 한다. 석가모니께서도 "방하착 하라!" 하셨듯이 흔히들 육체에 걸친 옷을 벗고 살거나 물질적으로 가진 것 없이 사는 수행자들을 성자로 오인할 수가 있다. 이런 수행자들도 6식에서는 옷도 필요없고 집도 필요없고 곡차도 안 마시고 여자 생각도 안 난다라고 하겠지만 제 7식인 잠재의식 속에서 꿈꿀 때라면 과연 몇이나 무소유, 무욕망으로 살아갈 수 있을까?

그 동안 많은 사두, 바바들을 만나 보았지만 여건이 안 되고 재정이 없는지라 이렇게들 살지, 큰 아쉬람이나 지어 주겠다고 하면 거절하기 힘들다. 강고트리에서 20년이나 수행하며 살던 젊은 요기가 어느 날 일본 여자가 와서 유혹하자 결혼해서 일본에 가서 살고 있다는 소문이 쫙 퍼져 있다. 혹시 다른 요기들도 이런 일이 자기에게도 일어나기를 기다리고 있는 것은 아닐까?

다음날 오이와 토마토 반 킬로그램씩 사서 혼자 올라갔다. 반갑게 맞이한다. 가지고 간 토마토와 오이를 칼로 자를 동안 나도 보란 듯이 걸친 옷을 벗어버리고 하루 동안 같이 먹고 지냈다. 그러나 집착에서 벗어날 때, 이 업장덩어리, 6식, 7식(잠재의식), 8식(무의식)까지 녹여버릴 때 우리는 진짜 자기의 삶을 산다고 보겠다. 이 자리야말로 우리의 고향이요, 자성(自性)의 자리인 것이다.

히말라야의 해피 붓다

강고트리에 있을 때 해피 붓다에 대한 소문을 듣고 찾아갔다. 갠지스 강이 아쉬람 아니 석굴 앞으로 흐르고 깡통을 화분 삼아 여러 가지 꽃들을 심어놓은 아담한 곳이다. 40여 년 전 스와미 락시만다스지[11]가 이곳 석굴에서 수행할 때부터 아는 사람들이 찾아오곤 했다고 한다. 지금 그는 고희를 넘긴 나이지만 여전히 건강하다.

나보고 포대화상이라고들 하는데 이 스와미[12]는 배통이 나보다 더 크다. 하루종일 오물오물 씹는 것을 쉬지 않는다고 한다. 또 항상 파안대소. 하루종일 아무 말 안 하다가도 점심 공양 후 오수를 즐긴 뒤에는 달아놓은 그네에 그 큰 몸집을 올리고 애기같이 뒹굴뒹굴하다가 오후 3시부터 한 시간 동안 매일 바가바드기타[13]를 설한다.

재미있는 것은 한 사람이 오든, 두 사람이 오든 심지어 어떤 때는 아무도 없어도 꼭 설한다고 한다. 그 표정이 불쾌하다거나 하지 않다. 어떤 변화도 보이지 않는다. 그리고 연신 무엇인가를 오물거리며 웃는다.

또, 누가 오면 무엇이든지 줘서 보낸다. 사두들이 옷이나 음식을 얻으러 많이 들른다고 한다. 나도 사두 옷을 한 벌 얻어 입었다.

법문이 무슨 소용이냐? 그대로 행(行)을 나툰다. 행주좌와가 바로 선(禪)이요, 삶이라는 것을 이곳에서 실감한다.

---

11 스와미 락시만다스지
히말라야 리시케시 락시만 줄라 다리 건너편에 아쉬람을 갖고 있으며 여름에는 강고트리 토굴에 와서 지내는 수행자.

12 스와미, 스와미지
스와미는 힌두교의 출가자. 정통 승려를 칭하며 '-지'는 존칭어이다.

13 바가바드기타
베다서의 전체 원리를 개요한 것으로서 인도의 모든 종교의 중심점이 될 수 있는 경전. 해석은 '신의 노래'라는 뜻이며 크리슈나 신과(비슈누 신의 성스러운 화신) 아르주나(아르주나의 선택된 신성)와의 대화.

히말라야의 해피붓다(Happy Buddha). 강물이 굽이굽이 흘러내리는 강기슭에 석굴이 하나 있다. 40년 전 이곳에 와서 수행하던 스와미 락시만다스. 지금은 리시케시의 락시만 줄라 다리 입구에 아쉬람이 있고 여름이면 이곳 히말라야 강고트리 아쉬람에 와서 종일 무엇을 먹으며 웃고 있다. 항상 방문객들이 끊이지 않는다. 오늘도 뉴델리에서 찾아온 순례객과 제자들에 둘러싸여 웃고 계신다. 말이 없다. 웃음이 최고의 법문이다.

리시케시의 아침

▲ 강물이 세차게 흐른다. 이른 아침 나룻배를 타고 건너편으로 건너가고 있는 순례객들. 나룻배는 강을 거슬러 올라가다 엔진을 끄면 강물에 휩쓸려 내려와 건너편에 닿는다.

▶ 이른 아침 일출을 만끽하며 시바난다 아쉬람 앞 가트에서 아침예불과 참선을 하고 있는 성자. 백발이 성성하다. 이곳에서 40년간 수행하고 있다.

신심과 분심이 솟아난 필자 아침 정진에 동참하고 있다. 리시케시의 일출은 이미 밝았고 갠지스 강은 세차게 흐르지만 세 수행자는 정진에서 일어날 줄 모른다.

새벽 4시면 아쉬람과 신전에서 울려오는 종소리. 그리고 푸자(예불) 소리에 리시케시의 강가는 새벽잠에서 깨어난다. 많은 순례객들이 히말라야 성지순례를 가려면 이곳을 꼭 거쳐가야 하는데, 이곳은 매우 산수가 아름답다. 이곳에 오면 시바난다 아쉬람에 머문다. 많은 외국의 순례자들이 이곳에 머물며 요가와 명상을 하고 있다.

데오프라야그

히말라야 성지로 가는 도중 데오프라야그라는 마을이 나온다. 이곳은 세 강이 만나 한 줄기를 만들어 흐른다.
강고트리에서 오는 강가(Ganga) 강과 케다르나트(Kedarnath)에서 오는 만다키니 강(Mandakini River) 그리고 바드리나트(Badrinath)에서 흘러오는 알락난다 강(Alaknanda River)이 만나 절경을 이루는 곳이다.

    이곳에서 두 개의 강이 만나 갠지스에 합친다. 건너편 신전에 가서 하루 동안 좌선하고 강 가에 앉아 흐르는 물을 바라본다. 이곳에서부터도 어떤 신비와 히말라야의 소리를 들을 수 있다.

수달산

히말라야의 설산 수달산 (Sudarshan) 봉우리가 강고트리 사원 위로 우뚝 솟아있다.
만년설(萬年雪)을 이고 이곳에 찾아오는 모든 순례객들과 수행자들을 맞이하며 축복을
선사하고 있다. 새벽 안개나 구름이 산정상만 남겨두고 산허리를 감쌀 때는 그 신비가
너무 장엄하다. 당장 지팡이 든 백발과 흰수염 나부끼는 산신령이 나타날 것 같다.

강고트리의 순례자들

히말라야의 성지, 그 중에서도 강고트리는 아주 잘 알려진 곳이다. 리시케시에서 며칠 지내다 우탈카시까지 올라와 요가 니케탄에서 하룻밤 묵고 떠나 강고트리까지 오면 입구에 큰 바위가 우뚝 솟아 버티고 있고 그 주위로 사두, 걸인, 수행자들이 줄을 지어 앉아 탁발하고 있다.

자리 값(?)이 비싸 아무나 못 앉는다. 비비고 들어갈 자리도 없다. 나도 첫날에는 죽 돌아 가면서 1 루피씩 세금(?)을 바치고 얼굴 익힌 다음, 다음날 일찍 나와 자리 하나 차지하고 앉아 있으면 싸움 걸어오는 사두 한두 명이 나타난다. 이럴 때 그저 "옴 나모 나라야나 야! 옴 나모 시바야, 비시누야…" 하고 마구 힌두신 명호를 줏어 넘기며 주력을 하면 그냥 통과다. 어떤 힘에선지 그냥 기가 꺾이고 만다. 몇 차례 위험한 고비도 있었지만 하도 인도 바람과 먼지와 태양에 찌들어 이제 모습도 사두들과 다를 바 없으니 한 가족같이 느껴지나 보다.

그런데 재미있는 것은 내가 앉은 주위에는 이상하게도 매상(?)이 잘 오르니 언젠가 모르게 나가면 서로 자기 옆에 앉으라고 야단들이다. 순례객들 눈에 외국인이고 좀 어딘가 모르게 색다른 느낌도 들고 거기다 가끔 신나면 품바타령까지 하다가 일어나 춤까지 더덩실거리니 매상이 안 오를 수 있나. 또 오른 매상으로 파장에는 온통 뛰어다니며 사두들 앞에 동전을 던지고 한바탕 굿판까지 한다.

이렇게 하다보면 벌써 하루 해가 진다. 강고트리의 순례자들은 맨발로 거센 흙먼지, 바람도 아랑곳하지 않고 신에게 참배하고 신전에 헌화하기 위해 그 멀리서 몰려온다. 어디서나 벽돌이나 돌멩이를 모아 나무를 주위다 불 피우고 자파티를 굽기 시작한다. 그리고 지고 온 담요를 깔고 누우면 그곳이 방이다.

그렇게 못 사는 사람들이지만 수건에 꼭꼭 묶어 온 동전이 있다. 우리 나라 돈으로 10원도 안 되지만 사두들이나 수행자들에게 정성껏 보시하고 신전과 사원 곳곳에 던진다. 그 표정이 이 돈 받고 더 많은 복을 달라고 하는 표정이 아니다. 전혀 계산하지 않고 죄를 사하기 위한 것도 아니다. 그 표정과 그들의 진심어린 마음은 가히 충격적으로

◀ 히말라야 강고트리 사원에 참배하기 위하여 수십 만 리를 멀다 않고 그것도 맨발로 찾아오는 순례객들. 인도 각지에서 찾아드는 그 신심은 정말 감탄하지 않을 수 없다.
필자도 매일 오후 사두들과 앉아 탁발 수행하며 인도 순례자들의 지극 정성인 신에 대해 뭔가 느낀 바가 크다.

느껴진다. 오히려 배 나오고 살이 디룩디룩 찐 부자들의 거드름은 정말 못 봐줄 정도다. 처음에는 도저히 봐줄 수 없을 듯했는데 지금은 그나마도 그냥 즐긴다.

인도에서는 매사가 뒤틀리고 잘 풀어지는 것이 없으니 짜증이나 화를 내는 쪽으로 나가면 하루도 있을 수 없다. 언제부터인가 모든 것을 즐기기 시작한다. 이 사람들에게 모기나 빈대에 물린 팔을 걷어서 보여주면 한다는 소리가 "No problem."이다. 아무 일 없다는 것이다. "왜 차가 안 오느냐?"는 불평에도 "No problem."이다. 또 잠시 기다리란 의미의 "에그 미니츠."라고 그런다. 일 분만 기다리라는 것이다. 이 일 분이 한 시간도 좋고 두 시간도 좋다. 어떤 때는 전기가 나갔는데도 "에그 미니츠."다. 하루종일 안 오기가 일쑤인데도 말이다.

탁발도 이력이 붙어 이제는 너무나 자연스럽다. 순례길에 나서면 먼저 해결해야 되는 일이 먹고 자는 일이다. 어느 아쉬람에서 대중공양이 있다는 것쯤은 이제 훤하다. 옛날 어릴 때 우리 집 생일 잔치나 제사가 있으면 어떻게 알고 들이닥치는지 떼거리로 찾아왔던 거지 패거리, 비렁뱅이 패거리가 떠오른다. 아참! 그러고 보니 살아 생전에 부친께서 매번 "빌어 먹을 놈."하고 나무라시더니 결국 이곳 인도까지 와서 그것도 이 히말라야 산중에서 빌어먹고 있나 보다. 부모 말씀 그것 참 무시해서는 안 되겠다 싶다.

한의사, 화가를 그만 두고 하던 사업마저도 거둬치우고 아! 나는 왜 하필이면 이곳까지 와서 빌어먹고 있을까? 그런데도 왜 이렇게 편안하고 통쾌할까? 그것 참 신비하구나!

망상 피우고 있는데 순례객이 던진 동전이 떼그르 굴러 옆집으로 가는 통에 번쩍 현실로 의식이 돌아온다. 카레, 자파티 등의 인도 음식에 질렸는데 오늘쯤 고국의 순례객은 안 오려나? 고추장 한 입 했으면 하는 것이 소원이다. 또 된장찌개, 거기다 풋고추, 쌈….

이거 또 시작이구나 싶어 숨겨둔 오이를 꺼내 꽉하고 껍질 채로 한 입 한다.

강고트리 폭포

　강고트리의 고묵에서 시작된 갠지스의 흐름이 이곳 강고트리에서 폭포로 쏟아져 내린다. 물보라가 튀고 오색 무지개가 걸린다. 그리고 굉음소리에 강고트리, 히말라야의 아침은 잠이 깬다.
　나의 토굴이 폭포 옆 5미터 거리에 있다. 토굴 안에 앉아 있으면 바이브레이션이 느껴져와 산란과 혼침이 달아난다. 2년 전 지진으로 길이 조금 무너져 내렸지만 오히려 순례객들의 발길이 뜸해서 좋다. 방선 때에는 밖으로 나와 떨어져 내리는 폭포를 바라본다. 바라볼수록 히말라야는 선경(仙景)이다.

강고트리의 신령스런 폭포 수리야 쿤드(Surya Kund)

강고트리 사원

히말라야 4대 성지 중 한 곳인 강고트리 사원에 찾아온 순례객들과 이름모를 사두. 신전 안에서는 예불 의식이 한창이다. 갖고온 꽃과 공양물을 정성껏 올리고 기도한다.

이곳 히말라야의 성소(聖所)를 처음 찾은 듯 법열과 환희에 젖어 있는 어느 수행자 노 사두의 모습에서 모든 생로병사의 고통을 초월한 희열을 맛본다.

강고트리의 사두들이
수행하는 토굴

히말라야 곳곳에는 이러한 토굴이나 동굴에서 수행하는 사두나 바바들이 많이 있다. 특히 갠지스 강이 바로 앞을 흐르는 이곳 강고트리에는 커다란 바위 아래에 손수 돌을 하나씩 가져다 축대를 쌓고 나뭇 조각으로 지붕을 이고 문을 만들어 흙담을 쌓아 토굴을 만들어 수행하고 있다.
수행자들은 아무 곳에나 토굴을 지어도 정부에서 간섭하지 않는 특혜를 누리고 있다.

당나귀 똥구멍 사건

강고트리에서 한 달 있다가 케다르나트 사원[14]을 향해 떠났다. 우탈카시로 가서 요가 니케탄 아쉬람에서 며칠 묵고 테헤리로 해서 가오리 쿤드(Gaurikund)라는 마을에 도착했다.

우리 나라도 절을 찾아가는 길은 산세와 계곡과 강이 어울려 조화를 이루지만 이곳 히말라야는 설산까지 같이 하니 정말 수려하다. 계곡이 아주 좋고, 시원한 바람이 더위를 싹 가시게 한다. 강에 뛰어들어 목욕하고 싶어진다.

여기서 다음날 케다르나트 사원으로 올라갈 당나귀를 예약하고 하룻밤 쉬었다. 저녁에 북두칠성을 비롯한 하늘의 빛나는 별들이 비스듬히 아래로 보인다.

마침 경봉 스님께서 써주신 구절이 떠올랐다.

"廻首面南觀北斗하고 鐵牛産得石麒麟하라!" (고개를 남쪽으로 돌려 북두칠성을 바라보니 철우(鐵牛)는 돌기린을 낳는구나.

북두칠성은 북쪽에 있는데 왜? 머리와 얼굴을 남쪽으로 돌려 북두칠성을 보라 했는가? 쇠로 된 소가 어떻게 돌 기린을 낳을 수 있단 말인가? 선문의 격외 도리로써 큰 의정을 말하며 정진하면 깨우침이 일어난다. 그때야 참뜻을 알 수 있다.

잘 잤다. 공기가 맛나다. 공양을 마치고 당나귀에 올라 당나귀꾼과

14 케다르 나트 사원
히말라야 해발 3,583m를 자랑하는 설산 수메루봉 아래에 있는 힌두교의 시바 사원

히말라야 4대 성지 중 한곳인 케다르나트 사원을 참배하러 당나귀를 타고 7시간을 올라가고 있다.
설산이 가까워 오자 필자는 당나귀를 탄 채 한 컷 찍으려다 봉변을 당했다. 당나귀를 타고 올라오는 많은 순례객들과 필자

함께 올라간다. 일곱 시간 여정이란다. 가파른 꼬불길을 당나귀에 실려 올라가니 아주 편하지가 않다. 아! 눈 앞에 설산이 나타난다. 카메라를 꺼내들고 당나귀 잔등에서 몇 컷을 찍고 있는데 갑자기 당나귀가 '호흥' 하며 공중으로 솟구치고 또 발광을 한다.

아차! 어젯밤 꿈에 양치질 하는데 칫솔이 두 동강 나던 것이 생각난다. 이크 이거 오늘 다리 부러지는구나 싶은 순간 발걸이를 빼내고 당나귀 위에서 땅으로 굴렀다. 당나귀가 발광하다가 절벽으로 떨어지거나 하면 크게 다칠 것 같았기 때문이었다. 땅에 곤두박질치고 몇 바퀴 구르는데 느낌이 휴, 다치진 않았구나 싶었다. 그래서 안심하고 일어나려는데 다리 대신 카메라가 부서졌다. 그래도 다행이다 싶다.

뒤에서 다른 당나귀꾼이 앞에서 안 가니까 막대기로 내가 탄 당나귀 똥구멍을 쑤신 모양이었다. 그리고 태연히 앞서 간다. 안 다친 것만 해도 다행이다싶어 치솟는 분노를 참았다. 장삼이 흙으로 범벅이다.

이곳 인도 순례길은 언제 어디서 위험이 닥칠지 모르는 상황이다. 그래서 더 스릴이 있나 보다. 나는 역마살이 두 개나 들었다고 한다. 그래서 그런지 모험을 꽤 좋아하는 편이다. 학생시절 신밧드의 모험 시리즈는 하나도 빼놓지 않고 다 본 기억이 난다.

미지의 세계로 자, 떠나자!

케다르나트 사원으로 가는 길

해발 3,583m에 자리잡고 있는 설봉(雪峰) 수메르 피크(Sumeru Peak). 그 아래 힌두 4대 성지 가운데 한 곳인 케다르나트 사원(Kedarnath)이 자리하고 있다. 온통 주위가 눈으로 덮여 있고 길을 낸다고 치운 눈덩이가 곳곳에 쌓여 있다. 걸어서 올라오는 순례객들, 당나귀 타고 올라오는 사람들, 바구니에 담겨 지고 올라오는 노약자나 어린이들, 무엇이 이렇게 사람들을 이 오지까지 오게 하는 것일까? 저녁 노을에 발갛게 달구어지는 설산의 봉우리는 정말 장관이다.

7시간의 긴 여정에 파김치가 되도록 피곤한 몸도 당나귀에 내려서 걸어 올라오니 그 피로나 고통이 싹 가신다. 코에서 콧물이 쏟아지고 있지만….

혓바늘까지 돋아 시장끼를 때우려고 자파티 몇 개 먹는 것도 고역이다. 신전 안으로 들어가니 많은 참배객들이 모여서 예불의식을 하고 있다. 비집고 들어가니 시커멓고 아주 차갑고 신령스러운 기운이 감도는 천연 바위가 중앙에 솟아 있다. 두 손을 갖다 대니 금방 바이브레이션(진동)이 온다. 야! 대단하구나 싶어 저절로 신묘장구대다라니 주력이 시작된다. 온 사원 안이 울린다. 시바신이 하강하고 불보살님들이 춤을 추며 내려온다.

얼마나 시간이 지났을까. 많은 순례객들이 주위에 모여 동참하고 있다. 머리를 조아려 한참 바위에 대고 있다가 나왔다. 다음 한철 이곳에 와서 지내야지 하는 각오와 아쉬움을 남기고, 기다리고 있는 당

나귀를 타고 정거장까지 왔다. 내려오는 길은 당나귀 타고 올려니 더 힘들고 양다리 사이가 아파 도저히 안 되겠다. 소변을 보니 혈뇨(血尿)까지 나온다. 안 되겠다 싶어 걸어서 내려왔다.

◀ 히말라야의 만년설이 눈앞에 나타난다. 해발 3,583m에 자리잡고 있는 케다르나트 사원이 이 고개만 넘으면 나온다. 7시간의 당나귀 여행. 너무 피곤하고 힘들지만 설산 속에 안기는 기쁨으로 모든 고통은 일시에 사라진다.

케다르나트 사원

만년설 속에 우뚝 솟아 있는 케다르다트 사원.
5월 초순인데도 눈이 녹지 않고 있다.
그 신비함이란 스스로 체험해 보고
느껴 보아야 한다.

음식의 스승

법열의 환희심을 느꼈던지 감아올린 머리를 풀고 10분여 좌선에 들었다가 영적 노래인 영창을 시작한다.
그 무어라 표현할 수 없는 감동과 녹아듦에 휩싸인 필자는 자연스레 무릎꿇고 합장하여 귀의한다.
이때는 힌두교, 불교, 한국인, 네팔인 등등 주관과 객관이 녹아버리는 순간이다.
전체인 신(神) 의식에 모든 업장이 녹아버리는 느낌이다.

영창을 끝마친 두다 다리 바바께서 일어나 머리카락이 거문고 줄인 양 퉁기며 춤을 춘다

네팔 카트만두 파슈파티나트 사원의 두다 다리 바바(Dudha Dhari Baba)는 하루에 차 여섯 잔만 마시고 사는 성자다. 아침에 두 컵 점심, 저녁에 각 두 컵씩. 그래서 8년 전에 만났을 때 네팔 정부에서 성자 칭호를 준 푯말이 문 밖에 모셔져 있다. 물론 람 만딜(Ram Mandir)이라는 사원도 기증되었고 세계의 많은 순례객들이 찾아든다.

방 안엔 화롯불이 놓여있는데 그 곁에서 그 특유의 차를 마셔 볼 기회가 있었다. 정말 그 동안 우리는 너무 많은 음식을 먹어왔다. 하루에 세 끼씩 배부르도록 먹어왔으니… 특히 수행자는 음식이 독약이다. 서산 대사의 『선가귀감』에서도 과식을 경계하라고 하셨지만 이 두다 다리 바바를 친견하고부터는 소식(小食)을 하게 되었다. 길다랗게 늘어진 머리가 발 끝까지 뻗고, 서면 키보다 길다. 45년 간 자르지 않았다는 것이다. 긴 머리를 옆으로 풀고 가부좌하고 앉아 명상에 들면 정말 책에서만 보고 얘기로만 듣던 성자의 모습 그대로이다.

5욕 가운데 식욕을 절제하기란 힘든 수행에 속한다. 그러나 어느 고비를 넘기고 나면 안 먹는 것이 오히려 굉장히 편하게 생각되고 몸이 가뿐하며 수마도 덜 온다. 3년 전 부다가야의 마하보디 대탑 2층에서 90일 간 정진할 때 새벽 다섯시면 일어나 오이 하나, 귤 두 개, 당근 하나로 오후 여덟시까지 버텨본 적이 있었다. 처음에는 고생스러웠지만 20여 일이 지난 다음에는 아주 컨디션이 좋아졌다. 그러나 체중은 10 킬로그램 이상 빠지지 않았다.

음식의 스승, 두다 다리 바바. 항상 과식하고자 하는 욕망이 솟구칠 때마다 떠올라 경책을 한다.

아고리 바바

해골 바가지에 음식을 담아 먹고 아무것이나 다 먹는다 하여 아고리 바바이다. 가끔 신비한 매직도 나툰다니….
3일간 아침 공양 때 같이 공양하며 동참해 보았다. 어떤 다른 사두들과는 다른 깊이와 무게를 느낄 수 있었다.

이른 아침 안개가 자욱한 사원을 걸어간다. 고찰의 신비가 감도는 가운데 불쑥 신선이라도 나올 것 같은 느낌이다. 얼마나 걸었을까? 나무 아래 누군가 앉아 있는 느낌이 든다. 그리고 매캐한 냄새 속에 연기가 피어오르고 있다.

슬슬 가보니 한 사두가 해골 바가지에 담긴 음식을 먹고 있고 그 옆에도 해골이 하나 있고 사슴 뿔이 팔걸이로 놓여 있다. 뭔가 다른 사두나 바바하고는 분위기가 퍽 다르다는 느낌이다. 아, 이 바바가 책에서 읽어본, 아무것이나 먹고 괴팍스럽기 그지없다는 아고리 바바구나 하는 직감이 든다.

옆에 앉겠다고 했더니 그러란다. 앉자 마자 조금 전 먹던 해골바가지를 내민다. 그래 먹자. 출출하던 참이기도 하고 뭘 먹고 있나 호기심도 가고 해서 해골을 받았다. 뭔가 이상한 고기라도 들어있나 기대(?)했었는데 말린 보리에 감자와 야채가 섞여 있는 평범한 음식이었다. 약간 실망감이 일었다. 그래도 옆에 앉아 있으니 강한 에너지가 느껴진다. 말도 많이 안하고….

앞에 놓인 모닥불에 물을 끓여 차를 달인다. 꽂아둔 삼지창 사이로 햇살이 떠오르고 신비하고 자욱한 아침 안개가 서서히 걷힌다. 스와미 라마의 저서 『히말라야의 성자들』에서는 아고리 바바가 강에 떠내려오는 시체를 잘라 와 냄비에 넣고 요리하니 쿠키가 되었다고 읽은 기억이 있다.

조금 시간이 지나 분위기가 무르익었기에 물어보았더니 싱긋이 웃는다. 그 웃음이 무슨 의미인지….

아고리 바바, 뭔가 강렬한 힘이 느껴지며 신비가 감돈다.

◀ 카투만두의 시바신을 찬양하는 축제인 시바라트리 페스티벌 동안 파슈파티나트 사원의 한 고목(古木) 아래 자리잡고 명상과 기도와 모든 것이 삶 자체인 아고리 바바를 만났다. 히말라야 케다르나트에서 왔단다.

신들린 할머니 샤두

카트만두 파슈파티나트 사원을 나와 왼쪽으로 약 2백 미터 내려가면 조그마한 가네시 사원[15]이 나온다. 그 앞은 항상 깨끗이 쓸어져 있고 바로 뒤에는 힌두 신전의 특징인 목욕하는 곳이 있다. 그리고 조금 뒤로 10미터쯤 가면 화장할 때 사용하는 나무 장작더미가 쌓여 있고 일하는 사람들이 나무를 쪼개고 있다.

그런데 이곳에 언제부터인지 신들린 할머니 혼자 오두막 속에서 살고 있다. 누구도 이 조그마한 신전 앞을 지나가는 것을 허락하지 않고 심지어 참배하는 것까지도 용납이 안 된다. 사람이나 심지어 개까지도 근처를 얼씬거리기만 하면 돌멩이를 던지고 욕을 하고 물도 뿌리고 굉장하단다.

안내자와 같이 살며시 다가갔더니 토막집 문은 닫혀 있고 조용하다. 그래서 신전 앞에 앉아 조금 기다리고 있는데 방문이 후다닥 열리며 그냥 욕지거리를 하면서 뭘 들고 튀어나온다. 안내자가 먼저 달아나길래 나도 뒤따랐다. 그런데 그것 참, 한참 가다가 내가 왜 달아나지? 하고 반문해봤다.

안내자는 다음에 가잔다. 눈치가 다시는 안 갈 모양이다. 뭔가 공포에 질린 눈이다. 그 뒤 이틀 있다가 안내인 없이 갔다. 그런데 문이 밖으로 잠겨 있다. 천천히 주위를 둘러보니 귀기가 감돈다.

다음날 또 갔다. 문이 열려 있고 안에서 뭔가 하고 있다가 나온다. 그래서 우선 5루피를 신전에 놓고 문 앞에 앉으니, 할머니 사두는 안

---

15 가네시 사원
시바신의 아들 가네시 즉 머리는 코끼리 머리를 하고 몸은 사람 몸을 한 힌두신을 모신 사원

▶ 사두의 신께 기원하는 신들린 할머니의 진지한 모습. 눈빛이 달라지며 들고 있는 도끼와 신물(神物)에 영기가 접신되는 순간이다.

첫 번 만남에서 쫓겨나고, 두 번째 갔을 때 보시금을 전달하고 분위기를 잡은 뒤 영적으로 싸움이 시작되고 얼마 안 가 신들린 할머니 사두가 잠잠해지자 무릎에 손까지 얹으며 다독거린다.

에 들어 가더니 조그마한 도끼와 금강저, 삼색 깃발이 달린 지팡이를 가지고 나와 주력을 하기 시작한다. 눈알이 허옇게 변하면서 이상한 빛이 발한다. 그래서 안 되겠다 싶어 나도 신묘장구대다라니를 큰 소리로 산스크리트 원음대로 해제꼈다.

"나모 라트나 트라야야 나막 아아흐야 바로기테 스바라야…"

잠시 동안 중국영화에 나오는 장면처럼 두 도사가 주력으로 힘을 겨루는 상태가 연출되었다. 서로 상대를 주력으로 제압하겠다는 듯이…. 나는 기가 돌기 전에 진정시켜야겠다 싶어 할머니 사두의 주력과 주문이 끝나기 전에 바짝 다가 앉아 무릎 위에 손을 얹고 한국말로 이야기했다.

"할머니 이제 그만 하세요. 나 나쁜 사람 아니에요. 여기 할머니 해치러 온 것이 아니니 진정하세요."

어떻게 알아 들었는지 할머니 사두는 주력하던 것을 그만 두고 빤히 쳐다본다. 뭔가 느낀 모양이다.

나는 이곳 인도에서의 생활 중에 정말 화엄신장님들의 옹호와 힘을 여러 번 느낀다. 신통제일 목련 존자도 외도한테 당했는데 내가 무슨 도력이 있다고 사두들과 바바들 속으로 뛰어들어 그렇게 휘젓고 다닐

수 있었겠는가? 그렇게 다녀도 큰 위험이 없었으니 이것이 다 신장님들의 크나큰 보살핌이라고 본다.

할머니 사두는 가만 살펴보더니 내 이마에 잿가루를 찍어주기까지 한다. 이것은 환영한다는 뜻이다. 그래서 얼른 주머니에서 10 루피를 꺼내 쥐어주니 잡고 있다. 오늘은 이만 하자 싶어 "옴 나모 시바야 옴 나모 가네시야." 하고 중얼거리며 나왔다. 뭔가 이상한 보호령과 신기가 아주 강하다는 것을 느낄 수 있었다.

한번은 평소에 잘 아는 사두가 갑자기 미쳐 날뛴다. 자기가 고르카 군 출신이며 사람 목도 많이 잘라 봤다고 했다. 그러면서 나에게 "너 오늘 나한테 당해봐라. 너 힌두이즘을 파괴하러 온 놈인 줄 내가 다 안다."고 잘라 말하며 높은 탑 위로 올라가서 뛰어내리기도 하고 귀신 들린 사람처럼 행동했다.

그럴 때 나는 가만히 보고 있다. 그리고 기다린다. 그러면 그는 평소에 나를 무서워하고 있었기에 정면으로 공격은 못하고 주위를 돌며 펄쩍펄쩍 뛰고만 있다. 어떤 보이지 않는 힘이 방해하고 있는 것처럼 느껴지는 모양이다. 약 8분쯤 날뛰더니 살며시 가라앉는다. 그때다 싶어 일어나면서 기합을 냅다 질렀다. "얏!" 그리고 기공으로 제압하고 들어갔다. 구경꾼들이 꽉 모이고 경찰도 와서 서 있다. 그러나 직접 사람 몸에는 손을 대지 않으니 뭐라 할 말도 없으리라.

조금 있다가 경찰은 사두보고 뭐라하고 등을 밀어 쫓아낸다. 나도 합장하고 "하레 옴. 나마스테." 하고 신전을 내려왔다. 아주 순간적으로 위험을 느꼈다. 수년 동안 시바라트리 페스티벌에 뛰어들어 세 차례의 위험한 고비를 넘겼다. 그때마다 아찔한 기분이 들었지만 어떤 스릴과 뿌듯함도 함께 느낀다. 이제 나이도 들고 사두들의 생활을 조금 이해하니까 너무 그렇게 할 필요가 없다는 생각이다.

그 다음에 신들린 할머니에게 찾아갈 때 전에 찍었던 사진을 갖다 주었더니 꽤 친해지게 되었다. 이제 나만 기다리는 눈치다. 보시금도 드리고 과자도 사가고 했더니 나를 보면 가끔 눈물까지 흘린다. 찡하다.

한 손 들고 수행하는 사두

인도 네팔에는 아직도 고행을 통해 수행하는 수행자들이 있다. 사진이나 글을 통해 그런 수행자를 알고 나서부터 순례길에 가끔 고행하는 수행자를 만나면 호기심 반 확인 반으로 가까이 가 본다.

이곳 파슈파티나트 사원에서 한 손을 14년째 들고 수행하는 사두를 만났다. 한 쪽 팔은 완전히 굳어 병신이 되어 있었고 손톱은 자라 꼬이고 손가락도 펴지 않아 오그라져 있었다. 표정에서는 고통의 빛이나 교만한 느낌은 찾아볼 수 없다. 한참 같이 앉아 있으니 다른 사두들이 와서 이 고행 사두의 자랑을 늘어 놓는다.

관중들도 모여 들고 분위기가 되길래 갑자기 "억!"하고 할을 한 번 하고는 내 특유의 기공으로 양팔을 움직이며 반야심경 노래를 부른다. 그리고 자작 가사를 붙인다. "우리에게 뭐가 모자란 것이 있나? 있는 그대로 완전한 것을[如如]. 우리의 무지는 정말 끝이 없구나. 이런 고행을 통해 행복이나 사후 극락왕생이나 깨우침까지 바란다면 얼마나 어리석은 짓이냐!"

나는 보란 듯이 양팔을 벌리고 움직이며 노래와 춤을 춘다.

어리석은 방법에 빠지면 헤어나올 길이 없다. 특히 신도들의 존경을 좀 받고 몇 푼 던져주는 보시에 맛을 들이면 꼼작없이 자기가 만든 틀에 갇히는 꼴이 된다.

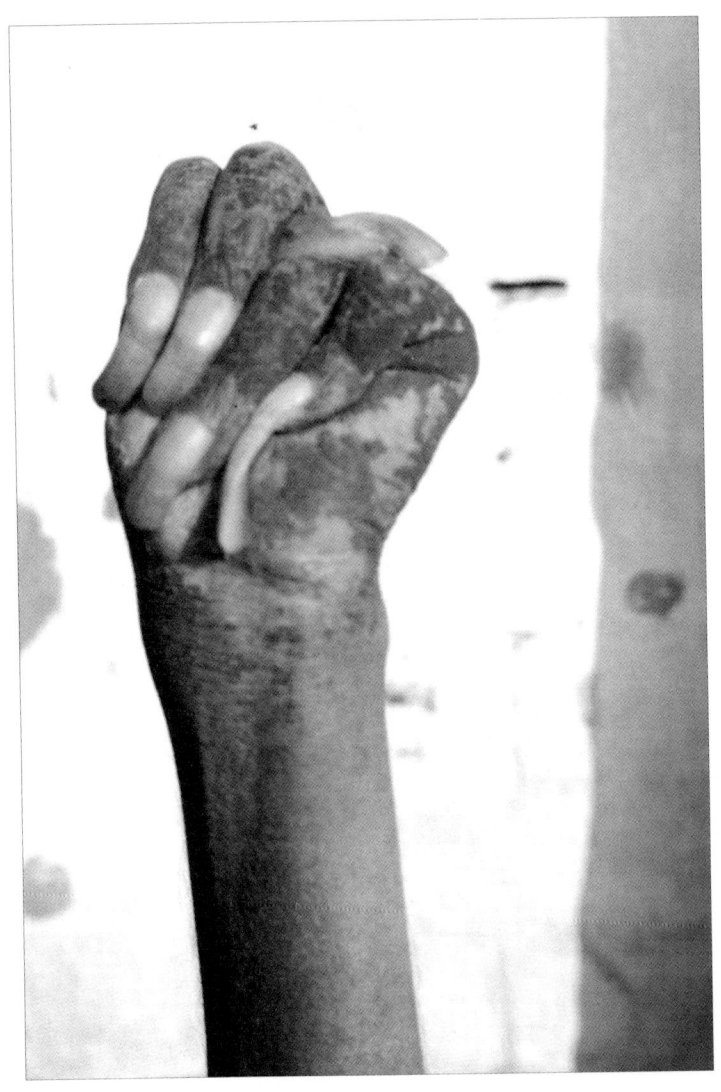

한 다리를 들고 수행하는 사두

널판지를 나무둥에 매달아 거기에 몸을
지탱하여 한발을 들고 서서 고행하는 사두.
고행을 위한 고행인가? 그런데 반드시
메니저(?)가 있어서 지나가는 사람들에게
보시를 강요하고 있다. 발은 부르터서
보기 딱하게 되어 있지만 웃는 모습은
아주 평화스럽다.

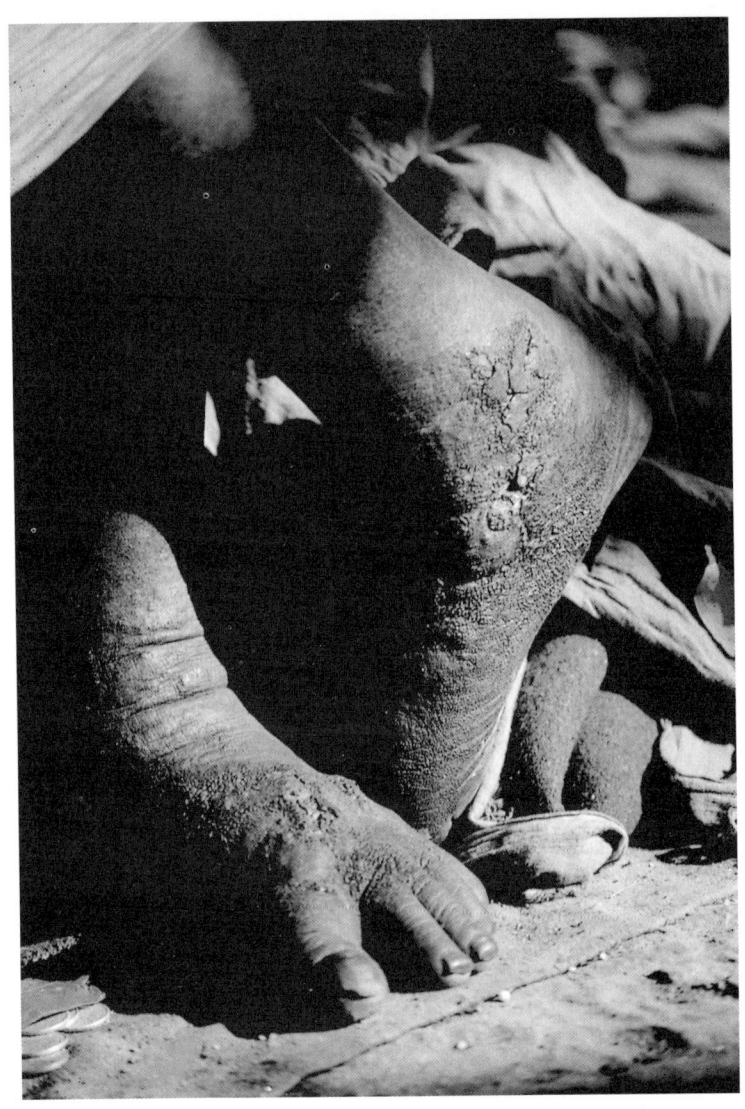

오! 우리의 무지여! 우탈카시에서는 한 다리를 들고 수행하는 사두를 만날 수 있었다. 그 옆에 시중드는 사두가 있길래 이렇게 하고 하루에 몇 시간 서서 수행하느냐고 물었더니 힐끔 쳐다보고는 24시간 온종일 그렇게 한단다.

"잠도 서서 한 발 들고 자느냐?"

"그렇다."

잠도 그렇게 잔다는 말이 아무래도 믿기지 않아 다음날 새벽에 확인하러 달려 가보았다. 없다. 팔걸이 나무판만 매달려 있다. 조금 기다리니 메니저인 사두가 나타났다. "옴 나모 나라야나 야." 하고 인사했더니 응대한다.

"수행자 어디 갔느냐?"

"신전에 아침 예불하러 갔다."

"어제는 당신이 24시간 여기 서서 수행한다고 하지 않았나?"

"신전에 예불은 매일 아침 하고 있다."

조금 있으니 그 외다리 수행자가 나타났다. 인사를 하니까 몸에 잿가루를 찍어 바르고 이마 가운데 빨간 점을 찍고 나서 또 한 다리를 들고 선다.

얼굴은 아주 평화스럽다. 그런데 발을 보니 퉁퉁 부었고 시커먼 상처가 곳곳에 나있다. 정말 무명에서 깨어 나야지 하고 생각하며 10루피를 보시하고 씁쓸한 기분으로 걸어 나왔다.

책에서 보던 것을 피부로 느낄 수 있었고 또 직접 목격하고 났더니 신비감이나 존경심이 싹 가신다.

한 다리로 좌선하는 요기

나가 바바가 한 다리로 서서 좌선하고 있다. 네팔 파슈파티나트 사원의 시바라트리 축제에 모인 발가벗고 수행하는 요기 그룹 중의 한 바바가 주위에 소똥 향을 태우며 진지한 모습으로 정(定)에 들어 있다. 의식의 집중. 화두의 성성적적함이 제일 중요하다. 잘못하면 테크닉을 위한 자세밖에 안 된다.

바드리나트의 요기

힌두 사대 성지 가운데 한 곳인 히말라야 바드리나트 사원. 이곳에서 5세부터 수행해오고 있는 요기 라즈. 어떤 수행을 하고 있느냐고 물었더니 명상을 한다면서 결가부좌를 틀고 바로 앉아버리는데 거의 의식이 삼매에 들어가 버린다. 정말 대단한 경지에 있구나 하는 것을 느낄 수 있다. 전혀 말이 필요 없다. 필자도 한쪽에 앉아 좌선에 들었다.

인도 힌두 4대 성지 가운데 아주 강렬한 에너지와 산세를 자랑하고 있는 이곳 바드리나트[16]에는 5세 때 한 성자를 만나 지금까지 20년 동안 요가와 명상을 하고 있는 존경받는 요기 라즈가 있다. 이 라즈를 이번에 두 번째 만났다.

다른 요기들은 자기의 경력이나 하타요가의 84 아사나[17]을 시범 보이곤 하는데 이 요기는 전혀 어떤 나타냄이 없다. 그래서 명상은 어떻게 하느냐고 물었더니 자기 아쉬람 바위 위에 좌복 없이 그냥 가부좌하고 입정한다. 그리고 그냥 그대로 계속이다. 완전히 득력(得力)된 느낌을 느낄 수 있었다. 나도 옆에 앉았다. 그리고 얼마나 시간이 지났을까 스승보다 나이가 많은 제자가 차를 가지고 와서 내 앞에 놓고 간다.

좌선과 요기의 명상은 어떻게 다를까? 불립문자(不立文字) 직지인심(直指人心) 견성성불(見性成佛)이란 달마 대사의 가르침같이 바로 마음 길 초월하여 자성(自性)자리를 깨우치는 길이다.

마음이란 놈이 문제다. 이 마음이라고 보통 우리가 부르고 사용하고 있는 놈은 6식, 7식, 8식까지의 의식세계 즉 에고(Ego)를 말하고 있으며, 깨우친 선지식들께서 쓰시는 마음이란 8식인 무의식까지, 즉 미세망상까지를 다 녹여버리고 주관과 객관을 초월한 자성자리를 가리킨다.

---

16 바드리나트
우탈칸트 지방에 있는 히말라야 힌두교 4대 성지 가운데 한 곳. 해발 3,583m에 위치하며 자연석을 시바링 대신 안치한 시바 사원이 있다.

17 하타 요가의 84 아사나
요가의 일종으로 84가지의 특수한 자세를 수행함으로써 신의 품에 안길 수 있다는 수행 방법

요기

80세가 넘은 히말라야의 요기. 시바라트리 페스티벌[18] 때면 꼭 이곳으로 내려온다. 백발을 휘날리면서 너무 건강하고 피부는 탄력이 있다. 젊은 요기도 하기 힘든 아사나를 척척 해낸다. 바라나시에서도 만났다. 이제 많은 요기들과도 친분이 생겼다. 요가는 요기들의 삶이요, 기도다. 이 요기는 이런 자세로 명상에 든다.

18 시바라트리 페스티벌(Shivaratri Festival)
매년 2월 말경 이곳 네팔 수도 카트만두에 있는 힌두 사원 사슈파티나트에서 시바신을 찬양하며 열리는 축제. 이때는 수행자, 사두, 바바, 순례객들이 히말라야에서부터 인도 전역까지 멀리서 찾아 온다.

눈썹도 하얗게 그리고 영화에서나 보는 장미(長尾)가 나왔고 머리는 백발인데도 치렁치렁 자라 있다.
갑자기 요가를 시작한다. 평생을 해온 느낌이다. 누가 보든 안 보든 상관하지 않고 하타요가의 84가지 자세를 행하고 있다.

83세의 요기

옛날 동화에나 나옴직한 산신령같이 눈썹이 하얗게 길다. 머리도 백발이며 평생을 깎지 않아 치렁치렁 자연적으로 비비꼬여서 발 끝까지 늘어졌다. 바로 자연 그대로이다. 팔십이 넘도록 요가를 삶으로(수행방법이 아닌) 해오고 있는 이런 요기를 만났다. 건강을 위해서나 수행 방법이 아님을 직감할 수 있었다.

우리는 요가가 무언지 아직도 잘 모르고 있는 듯하다. 우리도 일상생활을 통한 행주좌와 모두가 참선 아님이 없다고 말한다. 요가도 마찬가지이다. 그 핵심은 합일이다. 자연과 내가 화합하고 개아와 자아가 합일되고 그래서 전체에 합일되는 삶이다.

바라나시, 카트만두 파슈파티나트 사원, 쿰바멜라가 열린 알라하바드 등 이 요기를 여러 곳에서 만났지만 보여주기 위한 요가가 아닌 자신의 삶 자체를 요가로 삼고 있음을 알 수 있었다. 그러한 요기를 만날 수 있었다는 것은 매우 다행한 일이었다.

그동안 많은 요기와 수행자들을 보아왔고 같이 생활해 보았지만 모두가 어느 수준까지 도달해 있는지 느낌이 온다. 이 83세의 요기는 평생을 수행으로 요가를 해온 성자이다. 어떤 존경심과 아울러 경배심이 일어 난다. 피부는 너무 탄력이 있고 30대 정도의 건강미를 간직하고 있다.

눈만 뜨면 춤추고
노래하는 성자

시바링감 앞에 앉아 기도나 주력 대신 노래로 신성에 감사하고 있다. 필자는 뭔가 미숙하고 어색함을 스스로 느꼈다. 아주 미쳐야 되는데…
아직 덜 미쳤나 보다.

축제가 없는 날 조용한 사원의 분위기를 느끼기 위해 파슈파티나트 사원으로 발걸음을 옮겼다. 카트만두의 보다나트 대탑에서 걸어나오면 골목으로 들어가는 길이 나온다. 이 길로 가면 파슈파티나트 사원이 나온다. 약 40분 걸어가는 거리로 평소에 즐기는 길인데 중간쯤 왔을 때 저쪽에서 개가 한 마리 달려 온다. 달려들어 물어 뜯을 폼이다. 그래서 기다렸다가 뛰어오는 속도에 주춤거리는 때를 타서 차버렸더니 깨갱 갱 하고 울며 방금 달려 왔던 길을 잽싸게 돌아간다. 거참 꼭 지팡이나 막대기를 가지고 다녀야 되겠다는 생각을 했다.

사원에 도착하여 오늘은 옆문으로 들어간다. 강을 따라 화장터를 지나 조금 가니 노란 사두 옷을 걸치고 머리카락과 수염도 하이얀 늙은 사두가 혼자서 노래를 부르며 춤을 멋들어지게 추고 있다. 나도 덩달아 어깨가 움직인다. 조금 있으니 그 옆에 있는 시바 사원으로 들어가더니 시바링감 앞에서 번거로운 예불의식 대신 계속 노래와 춤으로 일관한다. 나도 옆에 앉아 같이 미쳐(?) 간다.

기도가 승화되면 노래로 춤으로 나타난다. 오랜 만에 신나게 푸자(예불)를 한바탕 했다.

◀ 카트만두 파슈파티나트사원, 시바라트리 축제 때면 히말라야 곳곳에서 수행하던 요기들이 모여드니 별별 수행자가 다 있다. 이 사두는 눈빛에서 신기(神氣)가 번쩍번쩍 한다. 그냥 노래부르고 춤추고 완전히 환희 그 자체다. 선에 대한 희열이 춤과 노래로 흘러 나온다.

요기와의 대결

카트만두에서 5킬로미터 정도 가면 신성한 강 바그마티(Bagmati)[19]가 흐르고 황금 지붕과 은으로 된 문, 많은 순례객들이 끊이지 않고 찾아오는 시바신의 사원 파슈파티나트 템플이 있다. 이곳에 아주 힘이 천하장사이고 84가지 아사나를 통달한 요기가 있다고 해서 찾아갔다.

매년 2월 말 경에 이곳에서는 로드 시바[20] 즉 시바신이 하강한다는 축제가 열린다. 네팔, 히말라야의 요기, 성자, 사두, 바바들뿐만 아니라 인도 전역에서도 수행자, 사두들이 모여든다. 바로 마하 시바라트리(Maha Shivaratri) 축제다.

약 5년 간 매년 같이 어울리고 있지만 첫해인 만큼 아주 겁도 먹고 또 불안한 감을 감추며 사원 앞에 오니 벌써 전 인도와 히말라야에서 온 사두들이 기기묘묘한 장신구와 지팡이를 들고 모였다. 이마에 사두 표시로 물감칠을 하고 발가벗은 나가 바바[21]와 여자 사두들도 보인다. 또 장사꾼들, 순례객들 뒤범벅이며 개, 소 할 것 없이 야단이다. 어디 영화에서나 볼 수 있는 한 장면이다. 왠지 힘이 솟는다.

무대 체질이라 그런지 약장사 기질이 속에 있는지 군중이 많이 모이면 힘이 나고 신이 난다. 그래서 사원 입구 공터에서 몸도 풀 겸 한 바탕 시범을 보이고 또 바람도 잡고 하니 금방 구경꾼들이 모여든다. 어디서 나타났는지 프러모터(?)까지 등장하여 오늘 괴력의 삼푸리 바바에게 도전하러 온 쿵후의 대가 소림사 주방장이 나타났다고 떠들어 제낀다.

19 바그마티
네팔 카트만두의 힌두 사원인 파슈파티나트 사원을 가로질러 흐르는 강 이름. 인도의 갠지스 강과 비유되는 신성한 강.

20 로드 시바
힌두교의 세 신 중 하나인 시바신을 일컬음

21 나가 바바
나체로 수행하며 온 몸에 잿가루로 칠을 하는 의식을 갖는 힌두 수행자

필자는 단전에 기를 모아 요기에게 가격해 보라고 했더니 처음 주먹으로 치다가 끄떡도 않자 팔꿈치로 가격 하고 있다.

성기에 천을 감고 커다란 바위를 들어 올리고 있다. 이 요기는 태어나 한 번도 성경험을 갖지 않아 이런 힘을 나툴 수 있다고 자랑한다.

파수파티 사원의 토굴에서 수행하고 있는 요기 삼푸리 바바가 하타요가의 아사나를 시범 보이며 필자의 기를 꺽으려 하고 있다.

대결에 앞서 아사나를 통해 몸을 풀고 있는 요기 삼푸리 바바. 84가지 동작의 하타요가 아사나를 완벽하게 구사하는 요기이다.

그러자 잽싸게 어떤 젊은 사두가 삼푸리 바바에게 달려 간 모양이다. 조금 있으니 메신저가 와서 정중히 사원 안 어떤 장소로 모신다. 벌써 언제 형성되었는지 내 주위를 둘러싼 코칭 스태프(?)와 비서진들이 소림사 주방장을 호위하며 들어가니 군중들이 볼거리 생겼다고 우루루 몰려든다. 무슨 헤비급 세계 타이틀전이나 열리는 광경이다.

사원 안으로 들어가니 마하 시바라트리 축제 때 화장하면 극락간다고 시체 다비하는 연기가 자욱하고 냄새가 코를 찌른다. 뭔가 일이 일어날 모양이다. 강 위에 놓인 다리를 건너 층계로 올라가니 사원 뒤에는 공터가 나타나고 언제 갖다 놓았는지 바위(?) 세 덩어리와 해골 한 개가 놓여 있다. 그리고 사두들이 삼푸리 바바를 둘러싸고 있다.

상상했던 것보다 깡마르고 인상이 아주 잔인하게 생겼다. 사도(邪道) 냄새가 물씬 풍긴다. 어이쿠 이거 잘못 걸려 들었구나 싶었지만 이미 때는 늦었다. 삼푸리 바바가 웃옷을 벗더니 그 특기인 요가 동작을 보인다. 요가 가운데 가장 고난도의 자세들이다. 비비꼬며 사람의 기부터 죽인다. 박수가 터져 나온다. 완전히 이 사원의 터줏대감, 왕초인 모양이다. 영어깨나 하는 심판 겸 통역이 나온다. 어디서 왔느냐고 물어서 한국서 왔다고 하니 "코리안 바바 낫씽." 하면서 심판까지 기를 꺾는다. 국가를 모욕하는 통에 화가 불끈 치솟는다. 그런데 한 술 더 떠서 자기는 영국서 왔단다. 보니까 동양 사두인데…. 알고보니 관광온 영국 여자 결혼하고 아이까지 낳고 영국 국적을 가지게 되었다고 한다. 매년 마하 시바라트리에 와서 어깨에 힘주는 네팔 사두이다.

이윽고 갖다놓은 바위를 수건으로 묶는다. 아주 긴장이 되었다. 제법 큰 바위인데 세 개를 포개어 묶는다. 속으로 과연 저걸 어떻게 할까 하고 생각하는데 삼푸리 바바가 나오더니 성기에 하얀 횟가루를 문지르더니 수건을 성기에 걸치고 성기 끝을 손으로 잡고 들어 올렸다. 순간 긴장감과 함께 가졌던 일말의 기대감이 깡그리 무너져 내렸다. 그냥 들어 올리는 줄 알았는데 손을 아래에 대고 들어올린 것이다. 완전히 사기 아닌가 싶다.

그 다음 소림사 주방장 차례다. 평소 잘 보이는 묘기(?)로 시범을 한바탕 보이고 기합으로 온 주위를 잠재운 다음 삼푸리 바바 보고 나와서 단전을 쳐서 뒷걸음을 치게 하든지 아니면 넉다운을 시켜 보라고 했다. 삼푸리 바바는 나오더니 어깨에 힘을 주고 어쩌고 하더니 그냥 팔꿈치로 가격해 온다. 한 번, 두 번, 세 번을 쳐도 끄덕 안 하니 이번에는 주먹으로 치고 들어오는 것을 잡아서 돌려버렸다. 그러니 저만큼 나가 뒹군다. 주위가 한동안 조용해졌다.

잠시 후 내가 먼저 박수를 치니 다들 따라서 박수를 쳤다. 삼푸리 바바에게 다가가서 일으켜 세워주려고 팔을 내밀었더니 겁이 나는지 거절한다. 주위에서는 어떤 위기감이 감돌았다. 사방에서 젊은 사두들의 눈빛이 번뜩거렸다. 그래서 또 한바탕 기합소리와 회향 시범을 보이고 나서 얼른 나왔다. 길거리 음식점에서 차 한 잔 마시니 등골에서 식은 땀이 배어 나온다. 언제 따라 왔는지 선전하던 젊은이와 몇몇이 따라와 있다. 차 한 잔씩 그리고 스위트 한 접시를 시켜주고 유유히 걸어서 부다나트 대탑으로 향한다.

영화를 찍고 온 기분이다. 그러나 실제 일어났던 일이다. 그 후로 소림사 주방장만 나타났다 하면 삼푸리 바바가 먼저 나와 사부님 모시듯이 깍듯이 모신다.

개들과 사는 사두

눈알은 누렇게 이상한 빛을 발하며 거의 60마리는 됨직한 개들과 살고 있는 사두가 있다.
싸우다 상처받은 개, 병든 개, 강아지, 모두 집 없고 주인 없는 개들이 모여 사두가 끓여주는 소 뼈다귀 국과 밥을 맛있게 먹고 있다. 투우에나 나옴 직한 검은 색의 소도 앉아 있다. 필자가 방문하면 으레히 개먹이 값을 보시하니 대 환영이다. 식구들이 많아졌다고 항상 더 달란다.

집 없는 개들만 데려다가 움막을 짓고 사는 사두가 있다. 눈 알이 누렇게 변했고 번쩍번쩍 이상한 사기가 빛나는 사두인데 내가 지나가면 꼭 붙든다.

몇 년 전 처음 만났을 때 길에서 개에게 비스켓을 나눠주고 있기에 기특하다 싶어 보시한 적이 있었다. 그런데 나만 보면 개 먹이 살 돈 보시하라고 강요한다.

거참. 이번에는 어디서 왔는지 시커멓고 커다란 소까지 데리고 산다. 어디서 싸우다 물렸는지 개 한 마리는 다리에서 피가 절절 나고 있다. 그냥 지나치기 그래서 50루피를 주었더니 식구가 불었다고 50루피 더 내놓으란다. 빼앗기는 기분이어서 안 되겠다 싶어 나도 앉아서 개의 머리를 쓰다듬어 주니 가만히 있다.

내가 개띠라서 그런지 개하고 인연이 많다. 개가 몇 번 공격해 왔지만 요즘은 다들 반긴다. 티벳 사원에 가도 경내에 개들이 수백 마리 있는데 병들고 비쩍 말라 보기에 흉하다.

다녀보니 별의별 사두와 바바들이 많다. 어지럽다. 나도 개띠지만 집 지키는 집개띠였으면 편했을 텐데 역마살이 끼어서 돌아다니는 들개띠니…. 그래서 구산 스님께서 화두를 '조주 무자'로 주셨나?

"狗者도 還有佛性也오? 無也오?"

趙州云 "無라!"

어째서 조주 스님은 무(無)라고 했는고? 의심하고 의심하여 진짜 의정이 돈발해야 칠통이 되고 은산철벽까지 가서 앞뒤가 탁 막혀 터질 것인데 이거 도통 의정이 크게 뭉쳐지지 않으니…. 언제 조주 스님께 차를 한 잔 달여 올리나? 게송은 커녕 아무런 시 구절 하나 안 튀어나온다.

에라! 나는 개다. 그것도 들개다. 왕왕!

사두에게 기 치료 해주며

두발스퀘어 사원에 평소 잘 알고 지내는 사두가 하루는 몹시 아프다고 호소해 온다. 사원 안이라 그냥 누워 보라고 하여 복진을 해보니 위염에 간까지 안 좋다. 그래서 기공으로 기를 넣어주며 "옴 나모시바야" 주력까지 하면서 진동으로 염증을 치료하고 있고, 옆에는 도반인 사두와 도원 스님이 지켜보고 있다.

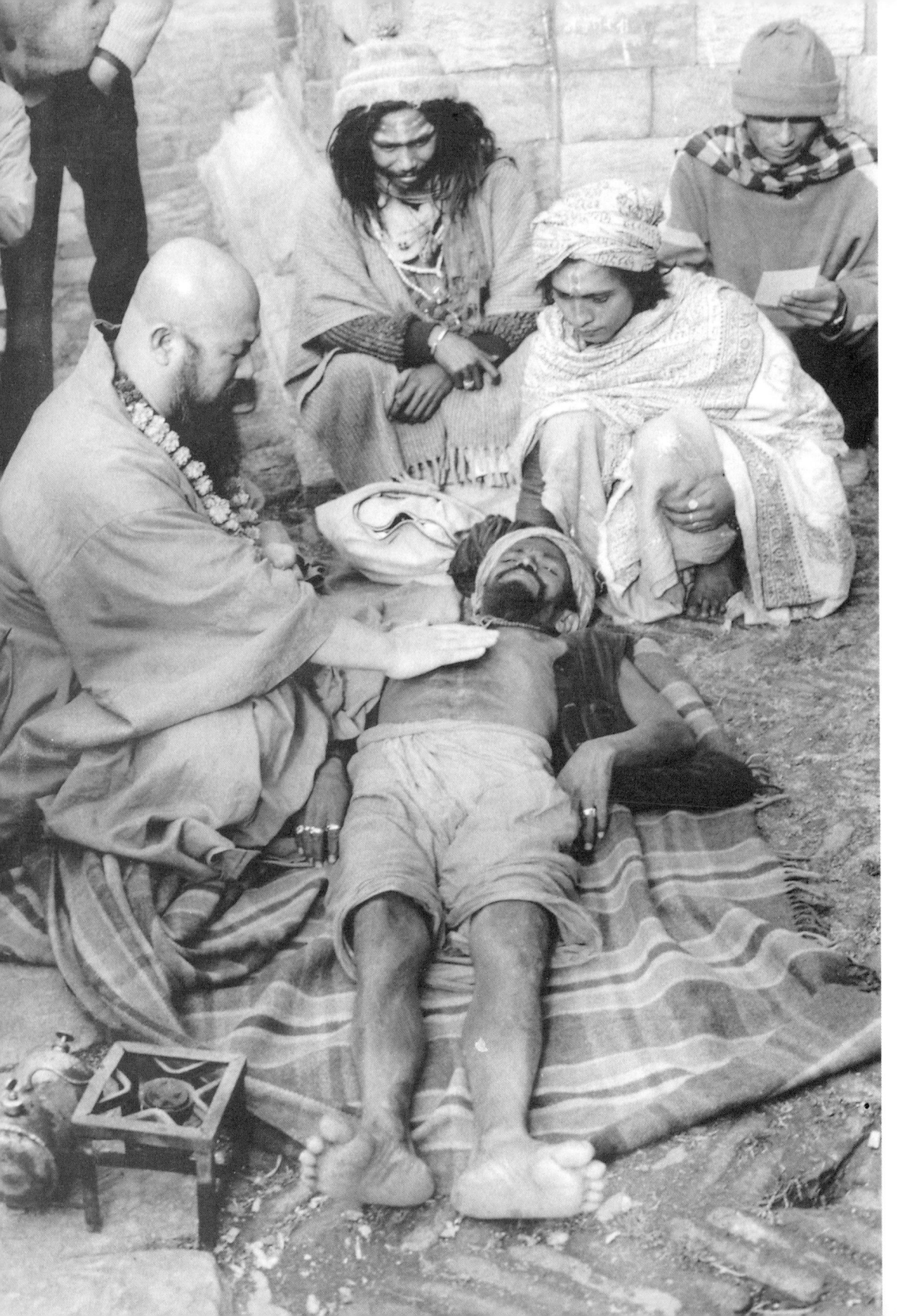

10년째 인도와 네팔 그리고 티베트, 부탄, 라닥, 시킴 등 히말라야를 쏘다니다 보니 이제 수행자들은 거의 얼굴이 익었다. 그래서 오랜 만에 들른 사원에서 항상 거기에 있어야 할 사두가 안 보이면 무슨 일이 일어났구나 싶다. 곁의 사람들에게 물어보면 아파서 누워 있단다. 찾아 가보면 얼굴은 시커멓게 타고 흑달이 와 있다. 맥박은 약해서 거의 끊어져 가고 호흡은 굉장히 가쁜 것이 벌써 중병걸린 것을 알 수 있다.

별 뾰족한 수도 없고 해서 기 치료밖에 도움이 안 되겠다 싶어 우선 뭘 좀 먹어야 하니까 위장과 소화기 계통 장기에 기를 넣어 준다. 기 치료를 하면서도 주력을 하고 신장님들께 "중생 하나 보살펴 주십시오." 하고 기원한다.

평소 이 사두나 바바들은 특별히 수행도 안 하고 그냥 하시시[22] 나 피워가지고 폐, 간 할 것 없이 엉망이 된다. 무지(無智)의 결과다. 신의 아들이요, 시바신의 자식이라는 자부심 속에서도 겉모습만 출가자의 모습을 하고 하시시와 보시금으로 살아가니…. 벌써 이럴 거라고 느낀 것이 스승이 없다는 점에서였다.

진짜 도의 길을 안내해 줄 스승을 찾아야 하는데 이 사두들은 천하태평이다. 그리고 정법으로 수행에 들어가야 하는데 거의 80%가 수행대신 하시시를 피워 환상의 세계에서 극락을 즐기고 있다. 이 영혼들은 사후에 어디로 떨어질 것인지 뻔하다. 그래도 외견상 목마르게 도를 구하고 진리를 찾아 고행과 수행을 하는 성자들이다.

대부분의 성자들은 히말라야의 오지나 각 성지라 일컫는 산 속에서 정진 수행하고 있다. 그래도 이곳 인도 히말라야에서는 가끔 세기적인 스승들이 나와서 우리를 이끌어 주시니 그분들에 비하면 우리는 모두 낭인(浪人), 바다로 흘러가고 있는 강이다. 현재 이 흐름이 전부인 것을 자각할 때 대양의 품 속은 언제나 환영하고 있다.

방랑자, 떠돌이. 아! 나는 낭인. 이름도 성도 국적도 잊어버린 지 오래다. 외도라 불러도 좋고 거지라 손가락질 해도 상관없다. 오늘도 이렇게 구름같이 떠돌며 발가는 대로 헤맨다. 하례 옴!

22 하시시
사두들이 모여 앉아 마약 종류인 간자에 담배 같은 것을 곁들여 피운다.

◀ 파슈파티나트 사원. 원숭이와 같이 사는 사두가 얼굴색이 흑달이다. 몹시 수척해 있고 원숭이도 안 보인다. 물어보았더니 무슬림 신도가 원숭이를 때려 죽였단다. 그 충격과 평소 하시시를 많이 피운 결과라고 보고 누워보라고 하여 복진해보니 간경화까지 진행되어 있다.
아주 증세가 깊다. 기공으로 치료를 해보지만 크게 치료될 가능성은 보이지 않는다. 그래서 열심히 주력정진하라고 일러주었다. 옆에서는 젊은 사두들이 안쓰럽게 지켜보지만 하시시는 사두들에게서 떼어놓을래야 떼어놓을 수 없는 것이니 안타깝다.

원숭이와 같이 사는 사두

카트만두 파슈파티나트 사원에 매년 2월 말 경 시바라트리 페스티벌이라는 시바신의 축제가 벌어진다. 벌써 5년째 같이 축제에 휩쓸리고 있다. 매년마다 오면 원숭이를 꼭 어깨나 가슴에서 놀게 하는 사두가 있다.

그런데 올해는 원숭이가 안 보인다. 어떻게 되었냐고 물었더니 얼마 전 무슬림 청년이 원숭이를 죽였단다. 그래서 충격받아 지금 몹시 아프단다. 아닌 게 아니라 작년보다 비쩍 말랐고 피부나 얼굴색이 시커멓다. 그래서 진맥을 해보니 심장맥박도 안 좋고 특히 간장이 아주 안 좋다.

여기 있는 사두들은 무척 하시시를 좋아한다. 이 사두도 예외가 아니었다. 원숭이 죽은 충격에 하시시 과다 흡연으로 간이 많이 손상된 것이다. 위장, 소장 부위에 기를 넣어 주고 간 부위에도 기 치료를 해 주었다.

옆에 있는 젊은 사두들에게 동료 사두가 하시시 과다 흡연 때문에 이렇게 되었다고 해도 들은 척도 않는다. 그건 그것이고 나는 나라는 식이다.

정말 사두들은 하시시를 무척 피워댄다. 가는 곳마다 못 피우게 해도 사두들한테는 종교의식이요, 사는 방법이다. 죄의식이라 생각하기는 커녕 오히려 성스러운 신에 대한 공양이라 생각한다.

오, 무지여! 시바신이 이렇게 가르치진 않았을 텐데….

▶ 몇 년 전 파슈파티나트 사원에 갔을 때 원숭이와 같이 사는 사두를 만났다. 보시하라고 강요하지도 않고, 원숭이가 재주부리는 것도 아니고 그들은 바로 가족이다. 원숭이는 한시도 가만히 있지 않고 왔다갔다 한다. 그런데 사두의 품에 안기면 아주 얌전하고 가만히 있다.

인도에서 시바라트리 축제에 참가하기 위해 원숭이와 같이 네팔 카트만두 파슈파티나트 사원에 온 사두. 원숭이는 잠시도 경계의 눈초리를 떼지 않는다.

옛날 옛적에 산신령이…

카트만두 두발스퀘어의 시바 사원 앞에
따스한 햇살을 받으며 어린이들에게 둘러
싸여 오늘도 구수한 신에 대한 신화를 들려
주고 있는 바바. 우화나 신화가 우리
어린이들 정서에 얼마나 중요한 몫을
차지하고 있는지 필자는 이 나이에도
어릴 때 기억을 간직하고 있다.

이곳 시바 사원에 한 사두가 매일 나와 있다. 가끔 관광객에게 포즈도 취해주고 네팔 안내 책자 표지에도 나와 있는 사두 기리 바바(Giri Baba). 나이가 50은 넘었고 60은 안 될 듯하다. 따뜻한 햇살이 쪼이는 사원의 돌 층계에 앉아서 조금 쉬려고 하면 아이들이 우루루 몰려와 "바바님, 옛날 옛적에…. 얘기 또 해주세요."하고 매달린다. 아주 정겹다.

그러면 또 어제 해준 산신령 얘기를 약간 변경시켜 해준다. 주로 악마와 선신(善神)이 싸워 선한 신이 악마를 물리치고 사람들을 구해내고 그래서 사원이 세워지고 오늘도 이렇게 순례객들이 온다는 얘기. 얘기가 끝나갈 때면 벌써 하루 해가 지고 어두워진다. 얘기를 듣느라 배고픈 줄 몰랐던 아이들이 끝남과 동시에 우루루 몰려 나간다.

이런 정다운 광경을 지켜보고 있노라면 벌써 어릴 적으로 빠져 들어가 나도 모르게 "옛날 옛적에…"하고 들려 주시던 할머니의 얘기에 빠진다. 겨울에 엄마 병 고치러 잉어 구하러 다니는 소녀에게 산신령이 나타나 잉어를 선물하거나 산삼을 캐게 해주는 상상에 빠져버린다. 얼마나 아름다운 삶인가. 인간이 우화를 통해 상상의 나래를 펼 때 어린이들은 의식 속에서 아름다운 싹을 틔우게 한다.

그러나 요즘은 TV시대다. 밥 먹고 나면, 아니 음식 먹으면서도 TV 앞에 앉아 감동도 없는 줄거리에 매달려 앉아 있다. 거기다가 컴퓨터라는 것이 나와 컴퓨터 앞에서 기계와 보내는 시간이 얼마나 많은가?

서양 문명 사회를 떠나 이곳 인도나 네팔에 오면 인간미를 만끽할 수 있다. 과일을 살 때도 하나 더 넣으라고 하면 안 된다는 과일 장수와 흥정하며 인간미를 맛본다. 얼굴이 익으면 얘기를 안해도 덤으로 하나 더 넣어주는 이 맛, 이제 이곳 아닌 어디에서 찾겠나.

자이나 교의 성자

자이나교의 성자 마한트 바바들과 …

103

부처님 동시대에 있었던 인물 가운데 서서 수행할 때 나무 넝쿨이 자라 다리를 칭칭 감아도 꼼짝않고 삼매에 들어 깨우친 바하비르가 있다. 그로부터 두 파가 인도에 전해 내려 온다. 그 중 한 파에서는 옷을 입지 않고, 물 그릇 하나, 그리고 벌레 죽이지 않기 위해 길을 쓸기 위해 가지고 다니는 공작털 빗자루 하나가 가지고 다니는 소유물의 전부인 수행자들이고, 또 다른 한 파는 호흡할 때 입 속으로 들어가 죽는 벌레들의 살생을 막기 위해 흰 마스크를 하고 흰 옷을 입고 수행한다.

그 중 발가벗고 길을 다니며 수행하는 마한트 바바(Mahant Baba) 발트마나 사갈(Vartmana Sagar)이라는 40세 된 성자를 가야의 자이나 사원에서 만났다. 자이나교 사원은 제인 바완(Jain Bhawan)이라고 부른다. 곁에는 함께 순례길을 떠났다고 하는 지벤드라 사갈 (Jivendra Sagar, 50세)도 같이 있었다.

정말 믿기지 않는 지독한 고행과 금욕으로 일관하고 있었다. 사원 안에는 빼쩍 말라 그야말로 피골이 상접한 늙은 성자들의 사진이 곳곳에 붙어 있다. 석가모니 부처님의 고행상이 여기에도 있구나 싶다. 머리도 삭발하는 것이 아니라 손톱을 사용해 잡아 뽑고, 수염도 한 가닥씩 잡아 뽑는단다.

어느 날 전기면도기로 삭발하고 있는데 신도가 나타나 "아니, 스님이 전기면도기를 사용하시나요?" 하고 면박을 주었던 때가 생각났다. 괜히 죄의식 같은 것을 느꼈지만 여기서 하는 머리털 뽑기는 너무한다 싶다.

단식과 금욕으로 가장 자기 학대적인 종교라고 라즈니쉬가 꼬집었지만 이 수행자들이 하고 있는 산타라 수행은 한번쯤 해볼 만하다고 생각한다. 먹고 마시고 오욕락에 휩쓸려 백 년을 사느니 차라리 몇 개월을 살더라도 단식과 금욕으로 깨어 있는 삶을 살고 나서 저 세상 가서는 잘 지내겠다는 가장 금욕적인 종교이다. 이 두 분을 만나 보니 아직 그렇게 피골이 상접할 정도는 아니지만 뽑다 만 수염과 머리가 듬성 듬성한 채로 좌선도 하고 경전도 보고 있다.

◀ 언제부턴인가 자이나교의 성자를 만나 볼 기회를 찾았지만 굉장히 힘들다. 그러나 4년 전 가야의 자이나 사원에 들렀을 때 마침 두 분의 마한트 바바께서 거처하고 있다길래 안내 받아 친견하고 같이 좌선해 보고 질문도 해 보았다. 발트나마 사갈 (Vartmana Sagar)이란 40세의 마한트 바바가 명상에 잠겨 있다. 물통 1개, 공작털로 된 쓸개(빗자루) 1개가 소유물의 전부이다.

갑자기 뭐가 옳고 뭐가 그른 길인지, 어떤 것이 정도이고 어떤 것이 외도인지 분간이 안 간다. 부처님 당시에도 사마 외도라 하여 분류되었지만 지금까지도 그 풍습이 내려오고 있는 것이다. 그러고 보니 필자도 힌두교 사원, 자이나교 사원 가릴 것 없이 다 가니 외도임에 틀림없다. 거기다 수염까지 기르고, 승복 색도 틀리고, '옴 나모 시바야' '하레 옴' 같은 힌두교 주력도 튀어 나오니….

그런데 알고보니 신묘장구대다라니에도 힌두교 신 명호가 굉장히 많다. 사과라고 하면 정도요 애플이라고 하면 외도라고 하는 것 아닐까? 정법안장, 파사현정이라는 말이 있다. 고지식한 사람들에게 많이 들어오고 있는 문자다.

그래도 선지식께 받은 화두를 무겁게 짊어지고 다니고 있으니 조금이나마 정도에 가깝다고 자위도 해본다. 뭐, 어떤 분은 불이정사(不二正邪) 즉, 정과 사가 둘이 아니니…. 정중사(正中邪), 사중정(邪中正)이니 하고 있지만 말이다.

아니 웬 넋두리가 이렇게 길어졌지? 자기 변명하느라 또 원고지만 소비했구만.

"스리 스리 마하 스리 스스리 사바하."

인도에 오니 스리(Sri or Sree)도 많다. 누구 문자 빌리자면 뻑하면 이름자 앞에 스리가 붙는다. 그것도 어떤 때는 스리 스리 중복으로…. 그래야 성인이고 신성한 존재로 되나 보다.

거지에게도 수준이 있나?

바라나시 갠지스 강 바로 앞 층계 양옆으로 거지, 문둥이들이 많을 때는 200여 명 앉아 구걸하고 있다. 필자는 100일간
매일 8명의 거지 아이들에게 1Kg의 쌀 봉지를 주고 같이 '쌀푸자', 즉 쌀타령을 했다. 하루 보통 20Kg에서 많을 때는 30Kg까지 나누어 준다.

인도에 도착하면 제일 먼저 맞부딪치는 것이 거지군상들이다. 그저 "박시시, 박시시[23]"하며 쫓아오는 그 끈질긴 집념은 수행을 해도 도(道)를 통하겠다는 생각이 일어나게 할 정도다.

15년 전 처음 인도 순례길 바라나시 다샤수와 메트 가트 입구 층계에 양쪽으로 죽 앉아서 구걸하는 거지, 문둥이 군상들을 보았을 때 웬지 반가웠다. 아마도 전생에 한 생은 거지였었나 보다. 마침 누더기까지 걸치고 왔으니, 적당한 자리 하나 차지 하고 앉으니 그렇게 편할 수가 없다. 매년 바라나시에 오면 하루도 빠지지 않고 라이쓰 푸자(Rice Puja)를 하고 있다. 문둥이 부부 외동딸인 6살바기 소니와 그 또래의 꼬마 6명에게 각각 1Kg씩의 쌀을 들려서 다른 동참한 제자나 한국에서 온 배낭족과 함께 한 줄로 서서 필자가 "옴나모"하고 선창하면 모두들 "시바야"하고 후창하며 강가를 누비며 쌀을 나눠준다.

하루 20Kg에서 많을 때는 30Kg까지, 그 동안 필자와 쌀푸자를 같이 동참한 고국의 많은 분들께 이 기회를 통해 감사드리고 싶다. 갠지스의 일출(日出)과 이곳 장사꾼들이나 순례객들도 "옴나모 시바야"하며 시바신을 찬양하는 우렁찬 기도가 울려퍼지며 하루가 축복 속에 시작된다. 거지 마음, 처음에는 끝없이 달라고 하더니 20여 일 지난 뒤 필자가 탁발을 하고 지나가면 그저 받아 둔 동전이나 바나나, 빵 등을 마구 준다.

아! 이렇게 변할 수가 있나? 하고 놀란다. 이제는 바라나시의 거지들, 축복 속에 같이 동참한다. 누가 주는 자이며 누가 받는 자인지 벌써 신의 축복 속에 어울려 함께 춤춘다. 우리에게는 누구나가 '보리심'이 내재(內在)하고 있다. 이 보시하고 베풀고자 하는 '보살심'을 발(發)했을 때 우리의 삶은 축복으로 가득찬다. 그런데 매년 비하르(Bihar) 주 부다가야 마하보디 사원 앞의 거지 군상들은 아주 특별하다. 순례객이 보시하려고 동전을 바꿔오면 어느새 우루루 몰려와 둘러싸고는 난장판을 이룬다. 단체로 온 순례객들은 버스 창 밖으로 동전을 던지면 그것을 주으려고 아수라장이 된다. 3년 전인가 한국의 보

23 박시시
인도의 거지들이 여행객들에게 '박시시 박시시' 하며 손을 내밀고 따라온다. 돈달라는 소리다.

◀ 리시케시의 갠지스 강 가에 앉아 순례객들에게 구걸하고 있는 인도 거지. 언제 결핍이 없어질지….

살 한 분이 바나나를 사서 보시하려다 우루루 몰려든 거지 군상들에게 옷까지 다 찢긴 봉변을 당한 적이 있다. 정말 세계 최악의 수준 낮은 거지 군상들이 이곳에 모여 있다. 필자는 우루루 몰려와 깡통을 내밀면 "왝" 한 소리치며 깡통을 걷어차버린다. 주위의 눈초리들이 집중되고…. 어느새 인도인 하나가 막대기를 들고와 거지 군상들을 앉힌다. 필자가 '옴나모 부다야' 선창하며 따라하라고 하면 '옴…' 밖에 못한다. 수준이 영 엉망이다. 그래서 '옴, 옴, 옴' 하면서 따라해야 쌀을 주니 '옴'은 따라한다.

거의 한 달이 지나서야 '옴 나모 부다야'를 따라 할 수 있게 되었다. 확실히 거지에게도 수준이 있나 보다. 지난 겨울(1996년 1월 15일까지) 100일 동안 부다가야의 옴 패밀리(거지, 문둥이, 군상들)와 쌀푸자 하며 지냈다.

'옴 나모 부다야. 옴 나모 거지야. 옴 나모 문둥이야!'

코브라와 대결

어느 날 힌두 사원의 조용한 곳을 찾아 좌선하고 있는데 갑자기 피리소리가 들린다. 언제 왔는지 코브라 사두가 피리를 불며 코브라 머리를 때리니 바구니 속에서 머리를 치켜들고 코브라가 화가 나서 나온다. 방해꾼을 만나 좋은 기회다 싶어 기공(氣功)으로 코브라 기를 누를 수 있을까 하는 망상이 떠올라 전신에 힘을 주고 단전에 기를 모아 힘을 주어 파장을 보내고 있다. 코브라에 독이 있건 없건 상관할 바 아니고 코브라도 마음이란 의식의 감동이 어떻게 변하며 어떤 반응이 오는지 시험해 보았다. "코브라에도 불성이 있습니까? 없습니까?"
조주(趙州) 스님께서 "무(無)".

인도에는 코브라를 바구니에 넣고 다니며 구경꾼을 불러 모아 뱀춤을 보이고 보시받는 사람들이 있다. 시바신의 목에서나 석가모니 부처님의 수행시 머리 다섯 달린 코브라가 나타나 비를 안 맞게 받쳐주는 석상과 그림을 많이 볼 수 있다. 이곳에서는 코브라가 신성시 되고 있다. 신전에서 좌선하고 있는데 어느새 왔는지 뱀 바구니를 든 사람이 코 앞에 코브라 바구니를 펼쳐놓고 피리를 불고 있다. 벌써 한 마리가 고개를 치켜 들고 혀를 날름거리며 금방이라도 공격할 듯이 올라오고 있다.

화도 나고 그래 한번 해보자 싶어 기공으로 냅다 기합을 지르고 기(氣)를 보냈다. 이 일은 언젠가 기회가 오면 한번 시도해 보고자 했던 일이었다. 그런데 잠시 후 뱀 사두는 또 다른 바구니를 꽉꽉 누른 후 뚜껑을 열었다. 이내 툭툭 치며 또 한 마리가 올라 온다. 빨리 안 올라온다고 뱀 사두는 코브라 머리를 사정없이 한 대 갈긴다. 그래서 나도 기를 더 불어 넣었다. 올라오던 코브라가 꼼짝 못하고 정지되어 있다.

그런데 이게 웬일인가. 또 바구니를 여니 모두 네 마리로 불어난 코브라가 머리를 쳐들고 올라 오고 있다. 피리 소리는 더욱 커지고 어느새 모여들었는지 구경꾼이 주변을 꽉 메웠다. 관중들이 모이니 더 힘이 솟았다. 자세를 바꿔가며 한동안 코브라와 결사의 대결을 하고 보니 힘이 더욱 솟구친다. 코브라들이 기에 제압당해 꼼짝 못하고 있을 때 도로 좌선에 들어가 화두를 점검해보니 혼침 산란이 일어날 수 없다.

사방에서 동전이 날아 오고 뱀 사두는 어느새 코브라들을 바구니에 넣고 돈을 챙겨 슬그머니 사라진다. 아니 내게는 한 푼도 보시하지 않고 사라지다니….

구경꾼들도 흩어지고, 이렇게 오늘도 오후가 되는구나! 어디 가서 차나 한 잔 해야지.

코끼리 발을 가진 사나이

남인도의 마드라스에 들렀다가 마하 빤치푸람의 사원으로 가는 도중 한 힌두사원에 들렀다. 입구를 지나 경내로 한 발자국 발을 들여놓았을 때 어떤 거지가 앉아 있다.

앞에는 동전이 몇 닢 놓인 채 여기 또 문지기가 있구나 싶어 보시하려고 가까이 갔더니 어이쿠! 한 발이 코끼리 발만하다. 걷지도 못하고 저렇게 기다시피 하며 하루종일 그냥 앉아 구걸하고 있으니 정말 딱하다. 화장실은 어떻게 가나, 누가 도와주는 사람이 있나 둘러보아도 도움을 줄 만한 사람은 아무도 없다.

얘기 좀 하려고 앉으려고 했더니 손을 흔들며 가란다. 만사가 다 귀찮다는 느낌이다. 인간으로 태어나 사대육신이 멀쩡해도 먹고 살기 힘든 세상에 코끼리 다리를 해가지고…. 정말 업장이란 것이 무섭다는 것을 또 한번 이곳에서 실감한다.

오! 까르마여! 업장이여. 전생에 무슨 죄를 지었길래 이런 업을 받나요? 아마도 전생에 사람으로 태어났을 때 지나가는 개도 차버리고 축구경기 중에 공은 안 차고 상대방 다리를 걷어찼다든지, 주차해둔 차를 괜히 차버리든지 하며 저놈의 다리로 못된 짓은 골라가면서 했나보다.

이곳 인도는 주위에 온통 거지, 문둥이, 병자, 외팔이, 절름발이, 애꾸눈… 등 별의별 사람들이 우글거리고 공존하고 있다. 업장에 대해서 피부로, 아니 뼈속 깊이, 경전에서보다 더 절실히 실감할 수 있는

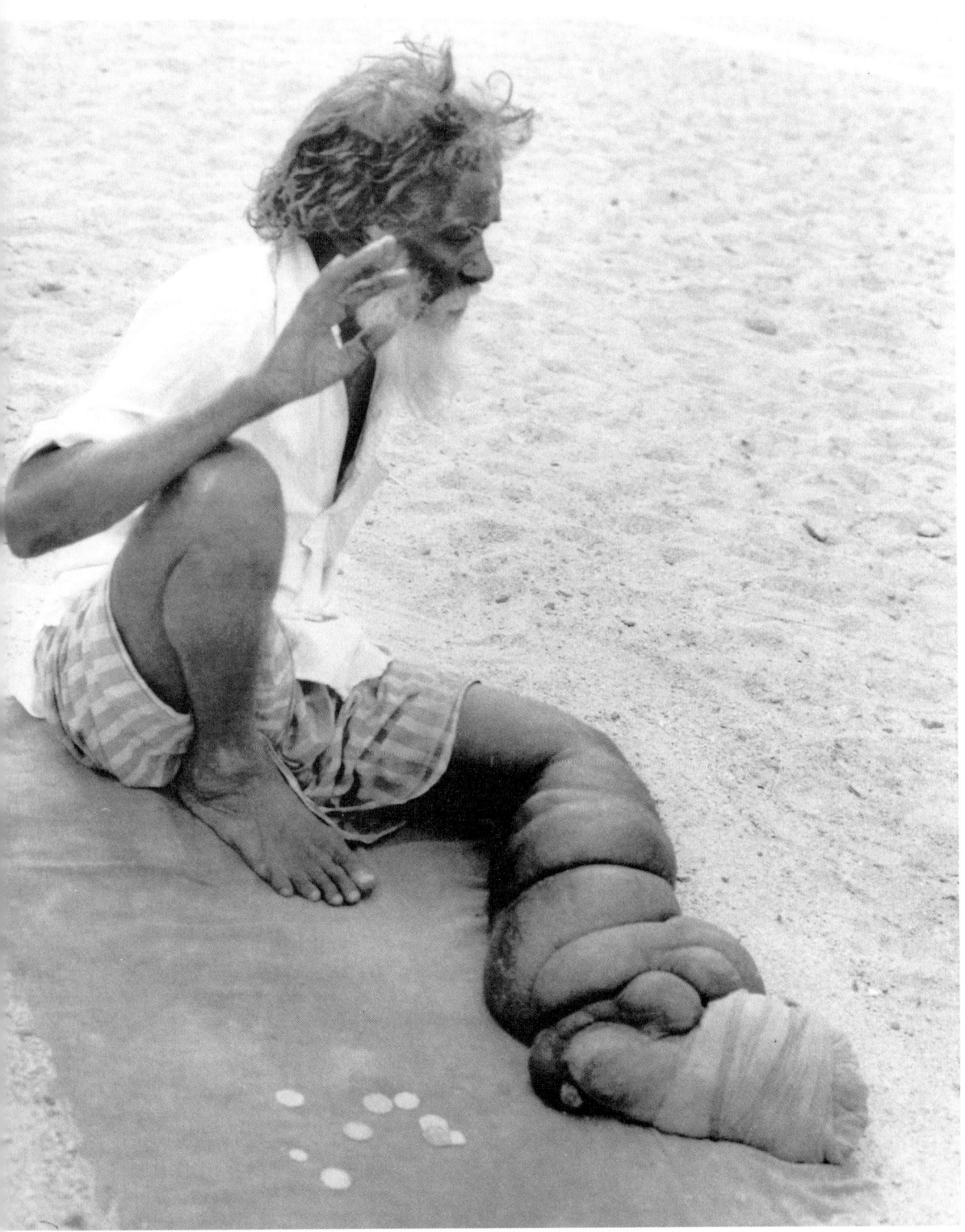

곳이다. 그러길래 더욱 신심과 분심이 솟고, 윤회에 휘말리지 않으려면 하루 속히 일대사를 마쳐야 되겠다는 용맹심이 솟아난다. 그래서 자꾸만 인도로 오게 되나 보다.

우리 나라에는 풍족한 것도 많다. 그리고 오욕락에 빠지는 기회가 무척 많다. 악업을 지으면 반드시 받는다는 것을 이곳, 인도에서는 너무나 실감한다. 이 사대육신이 멀쩡할 때 공부하자. 옴 살바못자 모리 사타야 사바하.

◀ 인도란 나라는 정말 신비와 이해 못할 일들이 매일 일어나는 곳이다. 외팔이, 절름발이, 앉은뱅이, 팔다리도 없이 몸통만으로 뒹굴며 구걸하는 거지 등등 온갖 인간군상들을 만나고 있지만 이런 코끼리 발을 가진 사람은 처음 만났다.
다른 곳은 아주 정상이며 건강한 사람이다. 업장으로밖에 설명할 수가 없다.

엉치에 뿔난 소

크리슈나의 탄생지 마투라. 야무나 강은 흐르고 흘러 이곳을 지난다. 밤낮으로 순례객들이 참배를 오는 도시. 강가를 걷고 있는데 저쪽 편에서 노란 사두 옷을 걸친 수행자가 소를 한 마리 끌고 온다. 인도에서의 소는 그냥 가는 곳마다 널려 있으니 무관심하게 지나치려는데 사두가 불러 세운다.

"스와미지, 이것 봐요." 하며 소 등에 뿔이 난 곳을 가리키며 소리친다. 아니 어떻게 된 것인가? 말로만 듣던 엉치에 뿔난 소 아닌가. 우리나라 말 중에 "대가리 피도 안 마른 놈이 이런 짓을 해? 엉치에 뿔난 놈 아냐!" 하며 어른들이 나무라는 소리를 가끔 들었다. 아하! 전생에 꽤나 못된 짓을 했구나. 남의 것 먹고 갚지 않고 사기치고 거기다 평생 법정에 소송이나 하고 빌린 돈 떼어먹고… 그러다 소로 다시 태어났지만 엉치에 뿔까지 갖고 나왔구나 싶어 미운 생각이 들었다. 그래서 냅다 대갈통을 한 대 쥐어 박았다.

그리고 지나가려는데 사두가 불러 세운다. 어이쿠! 이것 신성시 하는 소를 한 방 갈겼으니 큰일났구나 싶어 돌아보니 손을 벌리고 소를 가리키며 박시시를 내란다. 얼른 5루피를 꺼내 주었더니 더 달라고 아우성이다. 얼마나 귀한 상품인데 5루피냐는 식이다. 그래서 5루피를 더 주고 냅다 내뺐다.

거참, 된통 걸렸구만. 나무 관세음 보살 마하살.

인도에서는 길을 가다 보면 신비한 일들에 부딪치곤 한다.
크리슈나 신의 탄생지인 마투라를 순례하는 길에 한 사두가 끌고 오는 소 등에
뿔인지 발인 지 모 이상한 무엇이 달려 있다. 소는 인도에서는 신성의 표현이다. 특히 괴이한 소는
더 신성시(?)되나 보다. 구경시켜주며 보시를 요구하는 사두.

야무나 강에 떠내려 오는
아기 시체

야무나 강과 갠지스 강은 그 흐름이나 느낌이 전혀 다르다. 저 멀리 히말라야의 눈이 녹아서 강을 이루어 이곳까지 온다. 야무나 강은 인도 4대 성지 중의 한 곳인 야무노트리에서 시작된다.

이곳 마투라에서 머문 지도 3일이 지났다. 이곳이 크리슈나의 탄생지이다보니 밤낮 안 가리고 수십 수백만의 순례객들이 오고 간다. 나룻배를 타고 거슬러 올라가는데 저쪽에서 무언가가 떠내려 온다. 원숭이 시체인가 보다 하고 뱃사공한테 물어 보았더니 아니란다. 그래서 가보자 하고 올라 갔더니 점점 가까이 갈수록 느낌이 이상하다.

물체 위에 조그마한 거북이들이 옹기종기 모여서 보트 타듯이 즐기며 내려온다. 점점 가까이 다가오는데 어이쿠, 눈알이 툭 튀어나오고 몸은 퉁퉁 붓고 옷을 입은 채 사지를 쭉 뻗은 아기 시체였다. 거북이들이 놀라서 물 속으로 퐁퐁 뛰어들고 뱃사공은 아무렇지도 않다는 듯이 노만 젓는다. 갑자기 당한 일이라 기분이 싹 가신다. 이곳은 사람 하나 죽어 보았자 대수롭지도 않고 경찰에 신고할 필요도 없다.

지난해 바라나시에 왔다 행방불명이 된 한국 학생은 아직도 시체도 못 찾았단다. 한국에서 수사관도 왔었고 이곳 바라나시 산스크리스트 대학원에 재학 중인 비구니 현원 스님께서도 무척 고생한 모양이다. 밤중에 시체 확인하러 오라고 호출이 오고 갠지스에 떠내려 오는 시체를 여럿 검시했단다. 그리고 9구의 외국인 시체도 모랫더미 속에서 발굴했단다.

처음에는 원숭이나 개 시체가 떠내려 오겠지 하고 지나치려다 어떤 예감이 와서 주위에 있는 신도들에게 떠내려 오는 저것이 무엇이냐? 물으니 각기 다른 대답을 한다. 보트맨을 찾아 보트를 타고 가까이 가면서 보니 양팔을 벌리고 눈알이 툭 튀어 나온 나찰 귀신 같은 어린 아기 시체였다. 줌렌즈로 보는 그 모습을 너무 끔찍하여 아직도 잊혀지지 않고 있다.
영혼이 빠져나간 시체. 우리는 왜? 시체를 보면 공포에 질릴까?

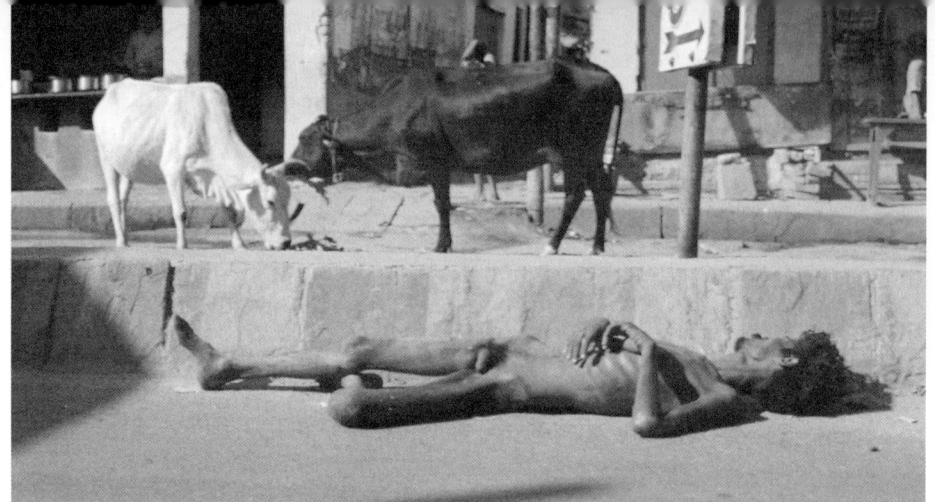

　　인도에서는 매일 집에서, 길에서 사람들이 죽어가니 이곳 사람들의 감정이 무딜 수밖에. 바로 대로에 옷 하나 안 걸치고 쓰러져 있는 사람이 있어도 거들떠 보지도 않고 경찰도 무관심이다. 옆으로 소도 지나가고 사람도 지나간다. 갠지스 강에 소가 둥둥 떠가고 그 위에 독수리가 아침 식사를 맛있게 즐기고 있는 강가, 마더 갠지스. 이곳 강은 성지요, 성수요, 성스러운 어머니이다. 모든 것을 포용한다고 해서 그럴까?

　　마더 강가(Mother Ganga), 오늘도 유유히 강물은 흐르고 아침 일출 속에 하루가 시작된다. 옴 나마 시바야!(Ohm NamaSivaya!)

미친 딸 친미

보드나트 대탑에서 쓰러진 거지를 돌봐주는 친미

카트만두의 불교 대탑, 천년 세월 동안 사방으로 눈알을 부라리며 중생들의 깨어나기를 재촉하는 보다나트 대탑에 언제부터인가 이 대탑을 지키는 수호의 여신이 상주하고 있다.

이빨은 다 빠지고, 코는 한 자씩 내려 흘러 훌쩍거리며, 항상 손에 꽃을 따서 들었다. 중얼거리며 탑돌이를 하다가 싸우기도 하고 땅에 주저앉아 대성통곡을 하다가 누가 인형이나 장난감이라도 하나 줄라 치면 금방 헤헤거리며 웃고 일어난다.

그런데 어느 날 탑돌이 하는데 갑자기 앞에서 "아버지." 하고 부르며 달려온다. 아니 이것이 어떻게 된 노릇인가? 뒤를 돌아봐도 주위를 두리번거려 살펴보아도 아무도 없다. 나를 보고 달려와 "Father!" 하며 꽃을 내민다. 거참, 갑자기 미친 딸 하나 주웠구만 하는 생각이 들었다. 그래서 어떻게 노나 구경좀 해보자 싶어 있었더니 뭐라고 혼자 구시렁거리더니 또 가버린다.

그런데 다음날 아침 또 "아버지!" 하고 달려와서는 꽃을 주고 간다. 그리고는 조금 있다가 스케치북을 들고 와서는 스케치한 야크(티벳 소)를 보여 주는데 깜짝 놀라겠다. 나도 화가랍시고 세계적인 초대전을 해오고 있지만 이건 나보다 실력이 우월하지 않은가! 애비 닮아 그림을 잘 그리나? 팔을 붙들고 어느 상점으로 가더니 물감을 사달란다. 졸지에 아버지가 되고 보니 거절할 수도 없고 고차원적인 수법에 당했구나 싶지만 그림 솜씨에 반해 밉지가 않다.

다음날 첫 작품(?)으로 대탑을 그려왔는데 탑 옆의 한 사람 크고 또 한 사람은 작게 그렸다. 그래서 누구냐고 물었더니 큰 사람은 자기고 작은 사람은 아버지란다. 나는 화를 불끈 내는 척하며 친해지고 말았다.

이때부터 시작된 부녀지간의 인연이 매년 보다나트 대탑에 오는 날이면 항상 재연된다. 어떻게 보고 오는지 "Father!" 하고 큰 소리로 외치며 두 팔을 벌리고 달려온다. 장삼까지 걸쳤고 많은 순례객들이 지켜보고 있지만 나도 양 팔을 벌리고 "친미!" 하며 달려가서는 진짜 부녀간이 껴안는 것처럼 달려간다. 그리곤 내 이마로 친미의 이마를 들이받으면 친미는 "아이구 아파라." 하면서 또 컹컹 운다.

친미가 이 대탑과 관계를 맺게 된 사연은 이렇다. 어느 날 밤 도둑 둘이 대탑 꼭대기에 올라가 장식된 황금덩어리를 훔쳐 내려오다 소리 소리 지르는 친미에게 들켜서 한 사람은 놀라 떨어져 크게 다쳤고 또 한 사람은 경찰에 잡혔다고 한다.

하루는 대탑 주위에서 얻어 먹고 사는 거지가 갑자기 쓰러졌을 때 친미는 달려가서 물을 떠와서는 깨끗이 씻기고 어디서 났는지 붕대를 감아 주고 음식을 가지고 와서 수저로 떠 먹이며 극진히 보살폈다. 나는 이 모습을 보면서 법복을 입고도 그렇게 하지 못하는 내가 부끄럽게 느껴졌다.

친미는 뒤도 돌아볼 사이 없이 가슴에서 반응하면 행동한다. 과연 나도 그럴 수 있을까? 폐결핵이라도 감염될까봐 망설이지는 않을까. 내가 이런저런 망상을 피우는 시간에도 친미는 또 다른 거지의 수발을 끝냈다.

경비에게 몽둥이로 맞거나 개구장이들에게 돌멩이 세례를 받아 어디 깨지기라도 하면 금방 땅바닥에 주저앉아 목놓아 울다가도 방금 선물받은 장난감에 눈이 가면 웃음을 되찾는 천진한 모습의 친미. 나는 그녀가 관세음 보살의 화현이 아닐까 한다. 대자대비한 관세음 보살께서 그 미친 딸 친미로 화현하여 대자비를 보여주시는 것 같다.

나무 관세음 보살 마하살.

파슈파티나트 사원의 시바라트리 페스티벌

카트만두 파슈파티나트(Pashupatinath)사원. 매년 2월 말경 이곳에는 시바신의 축제인 시바라트리 페스티벌(Shivaratri Festival)이 열린다. 인도 전역, 네팔, 히말라야의 힌두 성자들이 모여든다. 나도 여덟 번째 참가하고 있다. 첫 번째는 무척 배척하고 동참을 허락하지 않았지만 이제는 환영이다. 강가에 나가 목욕하고 돌아와서 이곳 사원 안의 자기 자리에 준비된 소똥을 가져와 자기 주위에 각자 빙둘러 원을 그려 놓는다. 그리고 잿가루를 온 몸에 바르고 간단한 예식을 한 다음 소똥에 불을 붙인다. 그리고 손바닥에 빨간 물감을 으깨어 이마에 칠한다. 이 모두가 힌두성자들의 의식이다.

모락모락 연기가 피어오르고 염주로 주력을 시작한다. 불길이 타오르고 연기는 온 몸 주위를 감싼다. 얼굴을 수건으로 감싸고 좌선(명상)에 들어간다. 소똥이 다 탈 동안 곳곳에서 각자 같은 의식과 수행이 시작된다. 이 수행이 끝나면 모두 모여 앉아 돌아가며 하시시를 태운다. 그리고 아직 끝나지 않은 나체의 나가 바바들은 각자 특유의 요가 동작을 계속하고 있다. 그리고 합류하여 차를 끓이고 공양에 들어간다. 외부인이나 특히 타종교인들은 동참을 허락하지 않는다. 내 차례가 되면 아예 하시시를 안 하는 줄 알고 그냥 지나가 버린다.

나는 같이 앉아서 한 동안 이것이 의식인지 수행인지 감이 잡히지 않아 멍하니 있다. 과연 이런 수행을 통해 깨달음에 이를 수 있을까라는 의문이 생긴다.

카트만두 시바신을 모신 파슈파티 사원. 시바라트리 축제 동안 인도 아유다 야 지방에서 참석한 나체 수행자 나가바바들이 한곳에 모여 기도와 수력수행 그리고 자기들만의 의식을 행할 때 철조망까지 쳐놓고 외부인이나 이교도들 이 방해를 금지시킨다. 필자는 매년 참석하다보니
낯이 익어 초대받아 같이 아침의식에 동참하자 목에 꽃과 염주까지 걸어준 다. 7년 전 처음 참가하여 촬영하려다 크게 싸운 적이 있다. 촬영금지라며 손 으로 카메라를 막으며 화를 내길래 카메라까지 던져주며 싸운 덕택에 아주 친해졌다. 철조망 밖으로 구경하고 있는 사람들의 그림자가 보인다.

평생 자르지 않고 감지 않아도 자연적으로 비비꼬여 발 끝까지 내려온 머리카락, 얼굴에 떠오른 평화스런 미소. 하늘을 지붕삼고 땅을 이불삼아 이곳 사원 아무 곳에서나 낮에는 따스한 햇살을 만끽하고 밤에는 하늘의 별들과 사랑의 대화를 하고 있는 한 사두. 아직도 게스트 하우스에서 숙박하고 있는 필자에게 어떤 부러움을 느끼게 한다. 속으로 '여권과 약간의 현찰만 없다면 나도 이렇게 살아버릴까' 하는 핑계를 뇌까리며….

새벽 강가의 목욕의식과 온몸에 잿가루를 바르고 시바신의 상징인 문양을 이마와 팔에 붉은 색으로 그리고 주위에 소똥과 향(香)으로 된 뭉치에 불을 피우고 그 가운데 앉아 주력 삼매에 들어 있는 나가바바.

파슈파티 사원의 언덕을 넘으면 하누만 사원(원숭이를 모신 사원)이 나온다.
이곳에 모인 사두들과 법담을 나누고 있다. 이 사원 앞으로 같은 강줄기가 흐르고 있고 6년 전부터 이곳 사원에 거처하는 성자 라주바바(Raju Baba)를 친견하기 위해 사두, 바바, 그리고 신도들이 이곳에 모여든다. 라주바바는 양피 한 장과 약간의 준비물만 갖고 걸으면서 티베트의 카일라시 설산까지 다녀온 수행자이다. 많은 사람들에게 존경받고 있다.

카트만두의 힌두사원

카트만두에서 약 40분 오토릭샤로 가면 파탄이라는 옛 왕궁 도시가 나온다. 이곳에 옛 영화를 상징하듯 고찰들이 웅장한 모습을 그대로 간직하고 있다. 많은 참배객들이 새벽부터 참배하고 있다.

쿰바멜라 페스티벌[24]

　인도 최대의 힌두 페스티벌이다. 올해(1995년)는 알라하바드라는 도시에서 6년 만에 열린 하프 쿰바멜라이다. 원래 12년 만에 열리는 마하 쿰바멜라가 제일 큰 페스티벌이고 이번이 그 다음으로 큰 페스티벌인 것이다.

　하루 한 도시에 2천5백만의 순례객과 수행자들이 모여든다. 그리고 강에서 목욕의 의식을 갖는다. 목욕의식 때에는 나가 바바라는 수행자들은 발가벗고 한꺼번에 강으로 들어간다. 이때는 경찰들이 순례객들이나 외부 사람들은 못 들어가게 하는데 그 동안 안면 익혀둔 바바들이 많아 나도 동참할 수 있었다.

　정말 이 열기란 어떻게 말로 표현할 수 없다. 종교와 국경과 인종과 남녀를 초월한 정말 자연으로 돌아간 순간이다. 아! 신성이여, 온 인류에의 축복이여!

24 쿰바멜라 축제
인도에서 열리는 힌두교 최대의 축제. 매 12년마다 마하 쿰바멜라가 열리며 알라하바드에서 열린 6년 만의 쿰바멜라는 하프 쿰바멜라이다. 오늘 2001년 히말라야의 하리드왈에서 마하 쿰바멜라가 개최된다.

쿰바멜라 축제 동안 발가벗고 온 몸에 잿가루를 바르고 신성의 의식을 끝내고 강가에 들어가 목욕의식을 준비하고 있는 나가바바들

하프 쿰바멜라 페스티벌 동안 강가에 들어가 목욕의식을 하고 있는 수행자들. 이곳 알라하바드는 갠지스 강과 야무나 강이 만나 합쳐지는 성스러운 곳이다.

화장터의 하루

이제 금방 화장을 시작한다.
짚단에 붙인 불꽃이 타오르며 연기가
피어 오르기 시작하고 천이 타다보면
발이 툭 불거져 나와 물집이 부풀어
오르며 탈 때쯤이면 매캐한 냄새가
온통 사원 안을 메운다.
필자는 영가 천도를 무료봉사하고 있다.

파슈파티나트 사원에도 바라나시 버닝 가트[25]같이 매일 이곳 강가에 있는 가트[26]에서 화장을 한다. 인연따라 영가 천도도 돈 한 푼 안 받고 해주기도 한다. 부친상을 당한 아들이 삭발하고 있고 그 뒤에는 강에서 물을 길어와 시신에 뿌리며 꽃공양도 한다. 그러나 곡(哭)을 하지 않는 것이 이곳 인도나 네팔의 상례다.

신나게 신묘장구 대다라니를 하고 영가에게 욕좀 했다. "영가야! 너는 지금 어디 있느냐? 이 몸 가지고 나라고 집착하며 안할 짓 할 짓 다 하고 그래 이제 죽고나니 어떠하냐? 아직도 육신의 집착을 못 버렸걸랑, 하루 빨리 모든 것은 공함을 깨우치고 실체하는 오직 참나를 깨우쳐라! 자! 반야심경 노래 한 곡 불러 줄께." 신나게 반야심경을 산스크리트 원음으로 뽑는다.

우리의 이 육신은 옷 한 벌이다. 그 동안 윤회하면서 얼마나 많은 옷을 갈아 입었고 또 태웠느냐? 이제 더 이상 옷 갈아 입지 말아야지. 업장 녹이고 하루속히 우리 모두 대각을 이루어 참삶을 살자꾸나! 이 육신도 남이 아니요 나의 옷 한 벌이니….

시뻘건 생이 솟구친다. 발바닥에 물집이 퍽하고 생기며 부어 오른다. 연기가 자욱하고 퀘퀘한 살 타는 냄새….

25 버닝 가트
갠지스 강가에 있는 화장터를 이르며 24시간 화장하고 있다. 보통 8구에서 10구까지 화장을 한다.

26 가트
갠지스 강의 목욕의식을 행하는 장소.

파슈파티나트 사원. 바그마티(Bagmati) 강이 흐르고
한쪽에서는 화장하고 있고 또 다른 가족들은 힌두 승려를 모셔다
공양 올리며 영가천도를 하고 있다. 쌀, 과일,
과자, 우유, 동전까지 강물에 던진다.

보다나트 대탑

카트만두의 보다나트 대탑. 티베트의 설날인 로살 축제를 기념하기 위해 걸어둔 기원의 깃발들이 갑자기 불어온 강풍에 휘날릴 때 사방으로 두눈을 부릅 뜬 움직임으로 순례객들을 집어 삼키려고 한다. 입구에 앉아 있던 필자 역시 어떤 전율을 느낀다. 이 대탑 상층부에는 조그마한 108개의 감실 속에 각각 다른 포즈를 한 탄트라 상이 조각되어 있다. 보름날 밤 둥근 보름달이 떠 오를 때 감실 앞에 밝혀 둔 촛불의 움직임 따라 탄트라의 108 나한들이 살아서 춤춘다. 정말 신비다. 필자는 이곳을 21번째 방문했지만 그 신비는 매번 새롭게 느껴진다.

티벳 승려와 순례객들이 닌다 텐진 린포체에게 질문을 하면 잠시 명상에 잠겨계시다. 우뢰와 같은 사자후로 온 보다나트 대탑을 진동시킨다. 무슨 말인지 알아듣지는 못하지만 필자는 항상 새로운, 그리고 살아 있는 감동을 받는다. 이렇게 보다나트 대탑의 하루는 오늘도 저문다. "옴마니 반메훔"

보다나트 대탑 입구. 오늘 아침도 닌다 텐진 린포체와 앉아 있으니 순례객, 라마, 참배객이 와서 린포체에게 법문을 청한다.

일찍이 티벳 사원에 머물지 않고 대중 속으로 뛰어들어 이곳에 앉아 수행과 법문과 수기를 주고 계신다. 오늘도 Rakpa yolmu 신도가 차를 올린다.

이곳 보다나트 대탑의 아침은 옴마니반메훔 주력 소리와 오체투지, 수행승들의 염불소리가 가득하다. 향은 깡통에서 타며 향기를 발하고… 이때의 차맛은 정말 포근하다.

마하 깔라 상[27]

아직도 힌두교에서는 고행하는 성자들을 존경하는 풍습이 남아 있다. 땅 속에 얼굴만 내어 놓고 있는 사두, 한 발 들고 고행하는 사두, 오른손 들고 14년째 고행하는 사두를 만났다. 고행이 깨달음하고는 거리가 멀다는 석가모니의 가르침. 그러나 스스로 택한 고행방법을 아무도 말릴 수가 없다. 손톱은 자라 비비꼬여 있고 고행을 통해 고통을 초월하고자 한다.

27 마하 깔라상
두 눈을 부릅뜨고 붉은 혓바닥을 날름거리며 선악을 판단하는 신

탁발

히말라야 설산의 강고트리 사원 입구.
고갯마루터에 다른 인도 사두들과
앉아 탁발 수행하고 있다. 이곳 강고트
리에 체류하는 동안 매일 오후
2시부터 4시까지 탁발수행 시간이다.

15년 전 첫 인도 순례길에 만난 수행자 사두가 탁발해온 공양을 손으로 비비고 있다. 인도에서는 밥과 달(콩과 노란색의 향료를 섞은 국)을 비벼 먹는다. 먼저 음식부터 적응해야 되겠다고 느낀 필자는 더럽거나 병균이 우글거린다는 분별심을 떨쳐버리기 위해 사두가 비빈 공양을 나눠 먹자고 탁발하고 있다.

28 고려사
인도 부다가야에 세워진 한국사찰. 월우 스님이 회주이며 지금 불사중이다.

태국 방콕의 아침, 거리마다 골목 곳곳에서 노란 가사를 걸치고 발우를 든 맨발의 탁발승들을 만난다. 신도들의 정성어린 공양물을 받아 총총히 돌아가는 스님들. 과연 불국토구나 하는 것을 실감하고 한 번 해보았더니 거들떠 보지도 않는다. 태국 스님 옆에 서서 탁발을 해도 전혀 무관심이다. 법복 색깔도 틀리고 수염도 있고 벌써 폼이 영 아니올씨다인가 보다.

여기는 석가모니께서 대각을 성취한 인도의 부다가야, 태국 스님이 탁발에서 돌아오는 모습과 만났다. 땅만 보고 맨발로 부처님 당시와 똑같이, 부잣집이나 가난한 집 가릴 것 없이 주는 사람 얼굴도 보지 않고 일곱 집을 탁발하여 돌아온다. 잠시 부처님 당시로 착각되어 합장하고 서 있다가 스님 지나간 다음 계속 고려사[28]를 향해 발길을 떼어 놓는다.

암만해도 나는 품바 스타일이 어울리나 보다. 성지에는 으레 사두들이 길에 앉아 탁발하고 있다. 쭉 둘러보고 먼저 한 닢씩 보시한 다음 목이 좋은 곳을 차지하고 앉으면 양쪽 사두와 건너편 자리의 매상(?)이 달라진다. 나중에는 서로 자기 옆에 앉으라고 야단들이다.

20여 년 전 부산 광복동, 대구 약전 골목에서 탁발한 적이 있다. 탁발이란 정말 맛을 들이면 아주 맛이 나고 편안하다. 그리고 굉장한 여유와 한가한 도인의 정취를 느낄 수도 있다. 구걸은 강제로 달라고 아우성치는 것이고 탁발은 주든 안 주든 신경 안 쓴다.

말이 나왔으니 한 마디 더 하자. 돈에 대해서 내 경험으로 볼 때 좀 사업이나 하고 산다고 하면 하루에 구걸 오는 사람이 제법 된다. 그러나 구걸이란 액수가 적기 때문에 그렇게 크게 신경쓰진 않는다. 그러나 협박이나 강도에 의해 빼앗기는 돈은 불쾌하기 그지 없다. 그 다음이 세금이다. 국민이면 다 세금을 납부할 의무가 있지만 너무 과다하게 나왔을 경우, 좋아하는 사람은 하나도 없다.

실수로, 무지로 잠깐 눈이 멀어 평생에 모은 돈과 재산을 사기 당했을 때 쇼크사한 사람도 몇몇 보았고 인생을 포기하고 술만 퍼마시다 자살하는 사람도 신문지상을 통해 보았다. 그런데 부처님께서도 가르치셨듯이 무상보시가 값을 매길 수 없는 공덕이라고 하셨지만 그래도 전철이나 길에서 하모니카 불고 녹음기 노래나 찬송가 틀고 지나가는 장님에게 동전 몇 개 보시했을 때 기분, 그 날이 무더운 날씨여도 가히 덥지 않을 것이다.

신문에 보니 몽고 교포들이 평생 모은 돈을 합자하여 우리나라에 왔다가 사기당해서 가도 오도 못하고 있을 때 한 독지가 할머니가 선뜻 그 많은 액수의 돈을 보시하여 인간방생했다는 기사에 가슴이 뭉클해짐을 느꼈다. 숨은 독지가들이 소문 안 내고 보시하는 것을 느끼고 있다. 자! 나는 탁발한다. 주는 사람 복짓게 하고 들어온 보시금으로 또 나누어 주고….

강가목욕

　이곳 갠지스, 그 원류는 저 히말라야 강고트리에서도 더 올라가서 고묵(Gaumukh)이란 곳에서 시작되어 먼 여행 끝에 하리드왈(Haridwar)을 지나 리시케시(Rishikesh)를 통과, 이곳 바라나시 갠지스를 따라 흐른다. '마더 강가'라 부르며 성스러운 강으로 수천 년 존경받고 있는 신성한 강.

　매일 새벽부터 이곳에는 많은 순례객들이 목욕하고 기도하고 또 그 물을 성수로 가져와 신전에 올리고 기도하러 모여든다. 남녀노소 할 것 없이… 축제 때는 발디딜 틈도 없다. 거의 하루에 백만이 넘게, 아니 쿰바멜라 축제 때는 수백 만이 찾아 든다. 이곳에 매년 앉아 떠오르는 일출을 만끽한 지도 어느새 거의 10년이 되었다. 많은 순례객들, 특히 외국 관광객들은 일출에 맞추어 보트를 타고 즐기고 있다. 우리나라에서 온 불교성지순례단의 보트는 유난히 시끄럽고 표가 난다. 물건을 잔뜩 실은 보트가 순례단 보트로 가서 바짝 붙어 물건을 흥정할라치면 "저리 가 임마, 안 산다 안 사." 하는 우리말이 아침 정적을 깨뜨리며 귀에 들려온다. 반갑다! 오랫만에 들어보는 고국의 구수한 욕지거리.

　시끌벅적한 새벽의 목욕 뒤 오전 10시 경 강가의 찻집에 앉아 낯익은 사두랑 차를 한 잔 즐기고 있으면 간혹 한국에서 온 배낭족 남녀를 만날 수 있다. 인사를 나누고 차를 같이 하다가 물어보면 온 지 며칠이 지났는데도 목욕을 못했단다. 못한 게 아니라 안한 거다.

성스러운 갠지스 강에 목욕 의식을 통해 업장을 녹이고 축복 받기 위해 모여든 순례객들 발디딜 틈도 없이 꽉찬 남녀노소 인도인들이 일출(日出)을 맞으며 이곳 바라나시의 다샤슈와 메트가트에 모여든다. 머리끝까지 아니 전 영혼까지 성스런 갠지스에 담가 한순간에 묵은 업식 덩어리를 녹여버릴 일생에 한 올까 말까한 기회이다. 입 속에 성수를 담아 더러운 입을 씻고 눈까지 씻는다. 석가모니 팔정도(八正道)가 떠오른다. 성수를 길어다 신전에 올리고 기원한다. "옴 나모 시바야". 신전에서는 종소리와 예불소리가 갠지스를 더욱 성스럽게 하고 있다.

물을 바라보니 더럽고 거기다 주위에는 온통 거지와 문둥이들이니….

나는 그들에게 호통을 치고 반강제로 끌고 들어간다. 몇몇은 달아나지만 그래도 6할은 그 시퍼런 호통과 묘한 분위기에 걸려 할 수 없이 옷을 벗는다. 남자는 팬티만 걸치고 여자들은 윗저고리나 런닝 셔츠라도 그 위에 걸치고 들어간다. 살금살금 주위의 눈치를 엿보며….

배꼽까지 들어 갈 때는 미끌거리는 바닥의 감촉과 주위에 널려 있는 더럽혀진 꽃이나 쓰레기들 때문에 아주 조심스럽다. 그 조심스런 상대에게 나는 따라하라고 하며 물장구도 치고 두 손으로 물을 퍼서 올리며 기도하며 소원을 빌라고 시키기도 한다. 그 다음은 귀 막고 머리까지 풍덩풍덩 담그게 한다. 그러고 나면 여행에서 지친 육체와 정신이 맑아지며 더럽다는 생각이 싹 가신다.

이렇게까지 따라하고 나면 이제 시키지 않아도 그들은 수영까지 한다. 다른 순례객들이 보든 말든 안 나오고 즐긴다. "거 봐라, 마더 강가가 얼마나 포근하게 감싸주는가." 사실 인도 여정에서 쌓인 피로가 한꺼번에 풀린다. 내가 먼저 나와서 타올을 준비해두고도 하도 안 나와서 다시 가서 불러내 온다. 그리고 같이 차 한 잔 마시는 기분. 그때는 으레 차 값을 서로 먼저 내려고 하고 감사하다는 말을 잊지 않는다.

차를 마시고 나면 또 잔소리 질문이 쏟아져 나올까. 그들은 어느새 슬그머니 사라져버린다. 이름도 나이도 고향도 물어볼 필요가 없다. 마더 강가에서 우리는 한 가족이었으니….

갠지스에서 당해본 선남선녀들이여, 안녕하신가요?

하루에 목욕 세 번 하는 고행

석가모니 부처님 당시나 지금이나 설산 수행자들은 이른 아침 갠지스 강물에 목욕을 한다. 한국에 있을 때 '하루에 세 번 목욕하는 고행'이라는 글을 읽고 목욕하는 것도 고행인가 하고 목욕을 좋아하는 나로서는 도저히 이해가 되지 않았다. 특히 무더운 날씨의 인도에서 목욕이란 얼마나 행복하고 즐거운 일이냐 싶었다.

그런데 히말라야 강고트리나 바드리나트에 있을 때 목욕하는 성자를 보았다. 그래서 나도 다음날 이른 아침 강가에 나가 목욕을 하려고 했다. 그러나 발을 담그는 순간 졸음은 간 곳이 없고 발을 뺄 수밖에 없었다. 너무나 차가웠기 때문이다. 정말 전신이 오그라드는 느낌으로 아찔하게 현기증이 느껴질 정도이다. 일 분은 커녕 30초도 못 있겠다. "아이쿠! 이것이 바로 하루 세 번 목욕하는 고행이구나." 하고 실감할 수 있었다. 곁에서는 나이가 80은 넘은 듯 머리와 수염이 백발인 바바가 그것도 사두 팬티만 걸치고 유유자적하게 목욕하고 돌아간다. 그 모습을 보면서 멍하니 서 있을 수밖에 없었다. 쫓아 가서 기분이 어떤지, 어디 아쉬람에 있는지, 이름이 무엇인지 물어볼 엄두도 나지 않았다. 생각할수록 우리 나라의 공중목욕탕이 얼마나 편하고 좋은지 극락이 바로 그곳이라는 생각이 든다. 인도에 있으면서 제일 생각나는 것이 바로 김치요, 공중목욕탕이다.

히말라야 설산의 눈이 녹아 흘러내려 오는 강고트리. 이곳이 성지이며 성스러운 갠지스의 원류가 되는 곳이라
많은 순례객들이 찾아와 아침부터 목욕 의식을 통해 세세생생 지어온 업장을 녹이고 있다.
얼마나 차가운지 1분도 발을 담그고 있을 수가 없다. 그러나 신심은 어떤 고행도 이겨낼 수 있다는 산 교훈을 이곳에서 직접 체험한다.

바라나시의 다비장

이곳 바라나시는 유명한 성지이지만 또한 다비장이 더욱 이채롭다.

15년 전 처음 이곳에 왔을 때, 다비하는 것을 보고 죽음의 공포를 맛본 기억이 떠오른다. 매년 이곳에서 한 철 보내다 보니 이제 골목에서 만나는 운구 행렬이 축제 분위기인 것을 실감한다. 보트를 타고 가까이 가서 몰래 사진을 찍다가 들켜 500 루피 내라는 것을 150 루피까지 흥정하여 지불한 기억도 난다.

마니카르니카 가트(Manikarnika Ghat)는 버닝 가트라고도 한다. 소가 죽어서 둥둥 떠내려 오면 조금 있다가 독수리들이 날아와 소등에 앉아 식사를 시작하고 매캐한 냄새가 코를 찌르며 새로 온 사체가 장작더미 위에 얹혀지고 불꽃이 솟아 오른다. 이때쯤이면 당장 달려가 저 장작더미 위에 눕고 싶은 충동을 억제할 수 없다. 3년 전 일사병으로 거의 죽음이 찾아왔을 때 주위에서 한국으로 돌아가겠느냐고 문길래 고개를 가로저으며 이곳 바라나시로 가겠다고 분명한 표현을 했다. 신장님, 불보살님 가피로 다시 살아난 뒤 이곳에 오면 이제 언제든지 죽음이 찾아와도 맞이할 준비가 되어 있다.

특히 버닝 가트 주위에 우뚝 높이 쌓아져 있는 장작더미를 보면 흐뭇하고 흡족한 느낌을 맛본다. 그러다 언제부터인가 솟아오르는 불꽃의 뜨거움이 친근하다. 누가 바라지도 신청하지도 않았지만 타오르는 불꽃에 다가가 영가천도를 한다. 그냥 주력이 나온다. 아무도 영가천도 해주었다고 보시금 주는 가족들도 없지만….

24시간 계속 타오르는 불꽃이 온 갠지스를 불태운다. 이 영혼도 불탄다. 영겁의 업장도 다 타버린다. 오! 바라나시의 다비장이여! 올 여름에는 혹서에 2,000여 구의 시신이 한꺼번에 들이닥쳐 혼이 난 모양이다.

◀ 바라나시의 마더 강가, 갠지스에 와서 일출(日出) 때나 석양 때 보트를 타고 버닝가트라고 불리는 화장터 마니카르니카 가트가 순례객들의 빼놓을 수 없는 방문 장소다. 필자는 이곳에서 일 주일간 앉아 있어 보았다. 하루 2시간 씩. 오늘도 코 앞에서 타고 있는 시신, 한 벌의 헌옷이 타고 있다

인도의 문둥이

바라나시의 아침. 마더 강가(Mother Ganga)는 누구에게나 가슴을 열고 사랑으로 맞이한다.
카스트 제도도, 부유하다, 가난뱅이다, 문둥이다, 건강한 사람이다의 구별이 없이….
아침 일출과 성스런 갠지스의 품 속에 안기기 위해 강가로 나온 문둥이 형제를 만나 담소하고 있다.

하리드월이나 바라나시 이 모두 신성한 강가가 흐르고 있다. 이곳 갠지스에도 문둥이 가족들이 옹기종기 모여 앉아 구걸하고 있고 축제가 있는 날이면 나무 달구지까지 동원하여 마누라가 뒤에서 밀고 문둥이 남편은 손가락 마디마디에 붕대를 감고 피가 뚝뚝 떨어지는 손가락으로 돈 달라고 야단이다. 이곳저곳에서 같은 일들이 벌어진다. 발, 손, 손가락 할 것 없이 감은 붕대를 통해 피가 스며 나온다.

지난번 하리드월에서는 문둥이가 시뻘건 피가 스며나온 두 손가락으로 돈 안 주면 찍는다는 식으로 두 팔을 들고 찍을 듯이 따라온다. 그 전에 벌써 1 루피 주었는데 자기는 중환자라고 50 루피는 내놓으라고 한다. 그렇지 않으면 손가락으로 찍어버리겠다고 막무가내로 쫓아온다. 호통을 치고 눈을 부라려도 안 먹혀 들어간다. 5 루피 주고 다시는 못 따라오게 한바탕(?)하고 지나갔다.

그런데 새벽에 바라나시 다사슈와 메트가트[29]에 나온 문둥이 둘을 만났다. 어제는 달구지에 실려 앉은뱅이 문둥이 노릇을 하더니 오늘 새벽에는 멀쩡히 두 다리로 걷고 있고 거기다 손가락에는 붕대도 없고 발가락도 말짱하다. 피는 찾아 볼 수도 없다. 그 순간 아차 당했구나 하는 생각이 들었다. 양성으로 벌써 다 완치된 손가락 발가락으로 축제날 매상 올리려고 연출을 한 것이었다. 나는 다가가 손가락으로 가리키며 "이 문디 자슥들!" 하며 경상도 말로 웃으며 떠들었더니 자기들도 웃으며 뭐라 뭐라 한다.

그 사이 문둥이들과도 정이 들고, 더 이상 부담감 같은 것은 느낄 수 없다.

29 다사슈와 메트가트
바라나시 갠지스 강의 목욕터 중 가장 중심이 되는 목욕터. 이곳에는 매일 새벽 동트기 전부터 많은 순례객들이 목욕의식을 하고 있다.

19. 인도벽화

인도에서는 음식이나 숙소 걱정은 할 필요가 없다. 모든 것이 신성의 뜻대로 일어나는 곳이 이곳이다.

산야신(사문)에게 공양 올리는 인도여성(인도벽화). 성지순례길에 아쉬람에 머물고 있는 산야신에게 정성어린 신심으로 공양을 올리고 있는 인도여성의 아름다운 모습. 인도에서는 수행자나 사문들이 수백 리 수천 리를 마다않고 맨발로 걸어서 히말라야의 성지순례길에 오른다. 때로는 아쉬람의 융숭한 대접도 받지만 거의가 토굴이나 길가 나무 아래에서 유숙한다. 며칠 씩 지친 몸을 쉬며 명상에 잠겨 있으면 어느새 음식이나 보시가 들어온다. 6바라밀에 보시공덕이 나오듯이 보시하는 마음이 우리에게 없다면 세상은 더욱 차갑게 느껴질 것이다. 동양에서는 서로 이웃끼리 나눠먹고 또 못사는 이웃이나 굶주리는 사람들에게 보시하는 풍습이 있다. 그리고 출가 수행자한테 지극 정성으로 공양을 올리는 인도의 풍습이 매우 아름답게 느껴진다.

반다라

히말라야 강고트리에 순례와 수행 하러 와 사두들에게 필자가 대중공양을 올리고 있다. 평소 매일 고갯길에 앉아 같이 탁발하는 낯익은 사두들이다. 요가 니케탄의 브라흐마 차이탄야가 직접 대중공양을 만들고 필자와 같이 반다라에 동참하고 있다. 오늘은 어느 아쉬람에서 대중공양이 있으니 참가하라는 통보가 매일 전달된다. 숙식 걱정없이 수행정진할 수 있는 곳이 인도요, 히말라야 성지이다.

인도의 성지에서는 대중공양이 자주 있다. 이것을 반다라라고 부르며 누가 어디서 언제 몇 시에 반다라를 제공한다고 안내가 있으면 수행하던 토굴이나 석굴에서 나와 참석한다. 음식과 조그마한 보시금까지 올린다.

나도 자주 반다라에 참가한다. 이제 땅바닥에 앉아 나뭇 잎 쟁반에 담긴 음식을 손으로 먹는 것에도 익숙하다. 그리고 2루피의 보시금이 들어온다. 2루피면 우리 돈 60원 정도다. 이곳에서는 여자 사두도 볼 수 있다. 다들 가족처럼 반다라를 즐긴다.

'반다라' 하면 하리드왈을 빼놓을 수 없다. 그곳도 갠지스가 흘러가는 성지이며 12년마다 쿰바멜라, 그것도 마하 쿰바멜라가 열리는 도시이다. 올해(1995년) 정월에는 하프 쿰바멜라가 알라하바드에서 열렸기에 참가했다. 하리드왈에는 항상 사두, 거지, 순례객들로 발디딜 틈이 없다. 이곳에서는 아예 식당에서 안내원이 나선다. 100명의 사두에게 대중공양을 하는데 300 루피가 든다. 메뉴는 자파티, 달[30], 사부지[31] 그리고 스위트[32]다. 이렇게 푸짐하다. 300루피면 7,500원이다. 우리나라 한 사람 점심값으로 백 명에게 보시할 수 있는 것이다.

정말 우리 나라 물가는 비싸다. 그리고 다들 너무 잘 먹는다. 어디를 가도 식당마다 풍성하다. 살도 빼고 건강도 생각할 겸 한 번씩 하리드왈로 가서 반다라를 해봤으면 좋겠다.

보시 공덕 좋지요!

---

30 달
콩과 녹두 등을 넣고 끓인 노란색 나는 인도 음식의 국.

31 사부지
인도 음식의 주식인 야채 볶음을 총칭함.

32 스위트
인도인들이 즐겨 먹는 매우 단 맛이 나는 케이크 종류

맨발의 낭인

인도에서는 순례객들이 성지 순례 때 거의 맨발이다. 특히 바라나시의 미로를 걸을 때 처음에는 신발을 신고 조심을 했었는데 어느 날엔가 맨발로 다니는 자신을 발견하고 나도 이제 어지간히 인도에 적응하는구나 싶었다.

바라나시의 고도리아[33]와 강 가에 인접한 도로들 또 가트로 향하는 미로에는 소와 소똥이 곳곳에 한 발자국 떼면 눈에 띄고 한꺼번에 쏟아놓은 곳도 있다. 특히 비올 때, 골든 템플[34] 가는 미로를 걷다보면 소똥이 발에 밟혀 발가락 사이로 올라오며 미끌거리는 미묘한 맛을 느끼게 된다.

처음에는 인상이 써졌지만 지금은 '오!' 하고 즐기는 쪽이다. 일부러 밟지는 않지만 전기가 나간 저녁에 아쉬람으로 돌아가는 길에서는 반드시 소똥을 밟아 보는 행운(?)이 있다. 조금 전에 갈겨 놓은 듯한, 아직도 따뜻한 촉감이 느껴지는 것은 더욱 그 즐거움이 더하다.

내 앞에 걸어가던 인도인이 주루룩 하고 소똥을 밟고 미끄러진다. 웃음이 나왔지만 참고 지켜보면, 인도인은 툭툭 털고 일어나 아무 일도 없었던 것처럼 계속 걸어간다. 다른 곳에서 이런 일이 일어났으면 상소리가 계속 이어질 텐데 하는 생각이 든다.

지금도 앞에 가는 소 항문에서 툭 하고 떨어지는 것이 있다. 냄새가 나지 않는다. 오늘도 바라나시의 미로를 한 낭인(浪人)이 터덕터덕 걸어가고 있다. 벌써 3 개월여 빨아 입지 않은 장삼은 꼬질꼬질 때가 묻

33 고도리아
바라나시에서 갠지스 강으로 들어가는 입구의 지명, 무척 복잡하다. 릭샤와 오토릭샤, 순례객, 장사꾼들로 항상 붐빈다.

34 골든 템플
바라나시 갠지스 강 가에 인접해 있고 시바신을 모신 사원으로 지붕은 황금으로 되어 있어 시바링 주위도 황금으로 되어 있다. 힌두교 사원 가운데 아주 주요한 위치를 차지하고 있으므로 경찰이 모든 순례객들에게 시큐리티 체크를 하고 있다.

어 있고…. 아예 누더기로 한 철을 보낸다.

종종 한국에서 온 배낭족을 만난다. 무조건 신발을 벗게 하고 따라오라고 하면 거역 못한다. 배낭은 인도 제자 라메시 가게에 맡겨두고 천천히 바라나시의 미로를 따라 걷는다.

커다란 소가 이 좁은 미로에 버티고 앉아 비켜주지 않으면 살그머니 우리가 비켜간다. 갑자기 뛰어오는 소를 피해 담장에 꽉 달라붙어 있기도 하고 순례객들 속에 섞여 흘러간다. 한 바퀴 돌고 오면 벌써 얼굴색이 달라져 있다. 조금 전의 그 오만하던 얼굴이 차분히 가라앉아 있고 표현 못할 감사함을 느끼게 한다. 차 한 잔 대접받는 기분.

얼마 전 중학교 여선생님 네 분을 만났는데 용기가 없어 도저히 못하겠단다. 그래서 쌀푸자부터 같이 하고 거지들 속에서 한바탕 탁발하고 떠났다.

맨발의 낭인

가야 할 곳도 없는 길을
걷고있는 浪人
반기는 사람도 없지만
발걸음은 가볍다.
미로를 따라 걷다보면
발가락 사이에
느껴지는 촉감
사원의 종소리는
졸고 있는 소의 잠을 깨운다.

◀ 으레히 인도에서는 사원방문시 모두 신을 벗어야 힌다. 그러다보니 신발 잊어먹는 것은 보통 일어나는 일이다. 아예 신발 없이 다니면 처음은 불편하나 어느 날 신발을 신었는지 맨발인지 잊어버린다. 히말라야 케다르나트 사원을 참배하고 있다. 이 사원 안에는 시바링 대신 천연 바위가 모셔져 있다.

부다가야의 금강보좌

부다가야 금강보디 사원의 금강보좌. 불교 성지 가운데 제일 중요한 자리를 차지하고 있다. 2,500년 전 석가모니께서 6년 고행 후 네란자나 강을 건너 이곳으로 오셔서 보리수 아래에서 대각(大覺)을 성취하신 곳이다. 필자는 매년 겨울 한 철을 이곳에서 보내고 있으면서 세계 각국에서 오는 불자와 순례객들을 본다. 그 가운데 석가모니 부처님의 가르침과는 거리가 먼 사람들도 눈에 많이 띈다.

처음 부처님 성지 순례의 길에 오른 것이 15년 전이었다. 짧은 21일간이었지만 구례 화엄사에서 열반하신 도광(道光) 스님을 모시고 출발했었다. 이때 내 나름대로는 큰 욕망이 있었으니 석가모니께서 성불하신 장소라면 이 우주에서 가장 파워와 신성이 깃든 곳일 거라는 신념과 그곳에 가면 뭔가 각성이 일어나리라는 기대가 솟구쳤다.

그래서 함께 갔던 일행들이 아쇼카 호텔에서 잠든 때 살그머니 빠져나와 저녁에 대탑으로 향했다. 그리고 그곳을 지키는 경비에게 보시금이 아닌 뇌물을 주고 금강보좌 안으로 들어갔다. 순례객들도 다 나가고 문이 잠긴 시각 보리수 아래 그것도 그렇게 신성한 금강보좌 앞에 앉아 깨우침이 일어나길 기다리며 철야정진했던 15년 전 그때 일이 잊혀지지 않는다.

무서움도 두려움도 다 사라지고 오직 어떤 기적이 일어나 견성하여 부처되길 바라며 밤새껏 화두와 씨름했지만 새벽녘까지 아무 일도 일어나지 않았다. 특히 부처님께서 바라보며 견성오도하신 새벽녘은 내겐 암만 쳐다봐도 깨우침이 일어나지 않는 뭇별에 지나지 않았다.

너무 힘을 쓰고 기대했던지 새벽이 밝아오자 쓰러져서 기어나오다시피 해서 나왔다. 그리고 그 허전함에 당장 자살이라도 하고 싶었다. 얼마나 기대하고 왔던 곳인가….

이제는 매년 이곳에 와서 지내고 있지만 보리수 아래 철야정진하는 일은 더 이상 하지 않는다. 죄송하고 부끄럽고 얼마나 어리석었나 싶다. 그래도 금강보좌가 자연 그대로 순례객 참배객들의 헌화 속에 웃음짓고 계실 때는 너무 신심이 솟구쳤는데 스리랑카 대통령이 어느 날 황금으로 보좌를 덮고 지붕까지 하여 비를 막고 담장까지 황금으로 둘러쳐서 지금은 감옥같이 되어 버렸다.

거기다가 태국에서 온 승려나 신도들이 금딱지 종이까지 더덕더덕 붙이지 않나 또 살아 있는 보리수 나무에도 금종이를 붙여 숨도 못 쉬게 한다. 말라가는 보리수를 볼 때마다 화가 솟구친다. 한술 더떠 멀쩡한 보리수 가지에다 황금색 천으로 둘둘 감아 기브스까지 해놓았으니…. 천 조각 조각마다에 자기 이름을 수놓기도 했다. 산신당으로 변한 금강보좌가 안타깝기 그지없다.

그래서 나는 어느 날 그 천들을 다 싹둑 잘라버렸다. 석가모니 부처님의 금강보좌에서 대각을 이루신 참다운 뜻은 어디 가고 깃발이다 오색 천이다 황금딱지 따위가 휘날린단 말인가? 차라리 물이나 한 동이씩 길어다가 보리수 주위에 뿌려주었으면 한다.

하지만 모두가 그런 것은 아니다. 이런 것 저런 것 아랑곳없이 금강보좌 주위를 돌며 "옴마니반메훔." 외치고 다니는 티벳인들과 너무도 열심히 오체투지를 하고 있는 사람들도 있다.

괜한 망상이 일어났나 싶어 혼자 투덜대고 걸어가는데 누가 "스님!" 하고 부른다.

"신은 하나야!"

유유히 흐르는 바라나시 갠지스 강 가를 맨발로 어슬렁거리고 걸어가고 있는데 난 데 없이 "신은 하나야!" 하며 필자 들으라고 한 방망이 준다. 뒤를 돌아보니 외발 가진 사두가 가트에 앉아 비웃는 미소를 흘려 보낸다. 당장 가서 옆에 앉았다. 그리고 필자도 "신은 하나야, 아니 둘, 셋, 넷…" 하면서 손가락으로 세니 화를 내며 언성을 높인다. 많은 사람들이 '신은 하나야' 하지만 모르고 하는 소리다. 불이문(不二門) 안으로 들어가 봐야 '둘이 아닌' 맛을 보지!

인도를 순례하다 보면 특히 이곳 바라나시에서 만난 요기나 힌두 성자들이 대뜸 나보고 한 마디 던지는 말이 있다. "신은 하나야(God is One)." 그러면서 설법을 시작한다.

그러면 나는 슬그머니 다가가 약을 올려주려고 앉자마자 "No!" 한다. "신은 하나가 아니야." 그러면서 손가락으로 하나, 둘, 셋…. 세는 흉내를 내면서 한참 세고 있으면 화가 잔뜩 치솟아 손가락으로 가르치며 열을 올린다. 나는 속으로 '아니 지가 뭐 구지 선사라도 되나, 손가락을 세우게. 이걸 그냥 칼로 날려버려. 가만 있자, 칼이 없지.' 하며 즐기고 있다.

수행한답시고 다니는 사두나 요기를 보면 그 격이 천차만별이다. 조금 알음알이가 일어나면 어디에나 그렇듯이 아무나 붙들고 설법하기 시작한다. 그러다 보시도 안 하고 일어나면 노골적으로 돈 달라고 달라 붙는다. 거기다 사진이라도 한 장 찍으면 터무니 없는 금액을 요구한다.

이때 또 한바탕 헤프닝이라도 벌이려고 하면 언제 모였는지 군중들이 빙둘러 싸며 구경하고 있다. 이때다 싶어 그냥 일어나 눈알을 달마 대사같이 하고는 인상을 쓰며 엉터리 쿵후를 한바탕 하면서 먼저 박수를 치면 멍해 있던 사두와 군중들도 전부 따라서 박수를 친다. 이때쯤이면 이 사두의 코가 팍 죽어서 돈 달라는 소리도 벌써 없어진 지 오래다.

툭툭 털고 서서히 걸어나오면 아무도 못 말린다. 운동 한번 하고 나서 구수한, 그러나 설탕이 너무 많이 들어간 차(茶) 한 잔 하면 그만이다. 아, 그러나 모기란 놈이 어느새 목덜미를 한 입 하고 갔구나. 거침기는 놈 위에 나는 놈 있네.

의식의 집중력

카트만두에서 약 40분 가량 외곽으로 나가면 파탄이라는 옛 왕궁도시가 있다. 이곳에 사두가 한 사람 있는데 코브라나 청색 실뱀과 같이 생활하고 있다.

올해도 같이 다니는 상좌 도원 스님과 함께 사두한테 갔다. 그 동안 매년 만나서 노는 사이라 이심전심으로 통한다. 도원 스님한테 좌선에 들어가 어떤 일이 일어나더라도 흐트러지지 말고 화두를 꽉 붙들고 나아가라고 했더니 개구장이 스승인 줄 아니까 뭔가 일어날 것을 짐작하면서도 좌선에 들어간다. 나는 와선에 들어가고 조금 있자 도원 스님 목에 코브라가 감긴다. 벌써 촉각이 틀리겠지 생각하고 같이 간 네팔 제자 보고 무조건 카메라 셔터를 누르라고 했다.

일반인 같으면 '어머나 날 살려라' 하고 달아 났을 텐데 꾹 참느라고생이다. 나중에 "화두가 성성하더냐? 의식의 작동을 느낄 수 있더냐?" 하고 물었더니 아무 대답도 안하고 겸연쩍게 씩 웃는다.

우리 가슴 속에는 누구나 뱀에 대한 공포심이 도사리고 있다. 바로 죽음에 대한 공포이다. 부처님 가르침이 불생불멸(不生不滅), 생사를 초월하라는 것인데도 말이다.

갑자기 도원 스님 목에 감겨오며 느껴지는 차가운 촉감. 아! 뱀이구나 하고 느끼는 순간 미간이 찌푸려지며 목이 움츠려들고 소름이 끼치지만 무서운 스승의 테스트에 도망 못 가고 계속 앉아 있다. 그러나 특히 서양인의 의식 속에는 뱀이 사탄으로 표현되기 때문에 더욱 공포감이 일어나리라. 도원 스님은 한국 조계종에서 사미계까지 받고 범어사와 청련암에서 2년간 수행한 캐나다 인이다. 어떤 돌발적인 사태가 발생했을 경우 우리가 의식을 잃어버리면 큰 어려움과 위험에 봉착하기 쉽다. 특히 화두를 놓쳐버리기 쉽다. 깨어있는 의식이 아주 중요하다고 본다.

기공을 가르치며

스와미 라가바난다가 스와미 시바난다지[35]께서 생존시 여름철 하안거를 나시던 석굴을 특별히 내어주어 그곳에 있게 되었다. 아주 아담하고 들어가면 약간 아래로 내려가서 안정이 되어 있는 케이브[36]다. 앉아 보면 사방이 바위로 둘러 있어 금방 정(定)에 들어간다.

이곳을 사르다 쿠틸(Sharda Kutir)이라고 부른다. 쿠틸이란 석굴을 의미한다. 오전 중 좌선하고 나오면 앞에 있는 바위틈 사이로 도마뱀이 두 마리 나와서 일광욕을 즐기다 놀라 들어간다. 조금 있으면 이 도마뱀들은 다시 나와서 가만히 조각처럼 있다.

오후에는 한 스와미가 방문하여 스와미 라가바난다와 기공 수련에 들어간다. 그래도 이곳에 머무니 뭔가 밥값을 해야 할 것 같아 시작한 것이다. 어느 날 같이 좌선하던 라가바난다가 어떻게 그렇게 척추를 바로 세우고 오래 장좌할 수 있느냐고 물어오길래 단전을 한 번 치게 하고 기공에 대해 설명해주었더니 몸이 약한 스와미가 있는데 같이 좀 가르쳐 달란다. 그래서 매일 오후 4시부터 한 시간씩 가르친다.

어느 날 석굴에서 좌선하는데 인도순례객들이 찾아들었다. 봄베이에서 매년 이곳에 찾아온다는데 스와미가 안내해서 같이 왔으니 거절할 수도 없었다. 히말라야의 심산에 와서도 정말 수행을 제대로 하기가 어렵다는 것을 또 느낀다. 항상 마장이 붙어 도망가고 달아나고 했지만, 이곳 인도에서는 수행자가 어디에 있다고 소문만 나면 아무리 험하고 멀어도 사람들이 찾아든다. 성철 스님께서 성전암 성전에서

35 스와미 시바난다지
의사였으며 출가하여 히말라야 기시케시의 강가가 흐르는 기슭에 힌두사원과 요가 아쉬람을 창건한 힌두승려.

36 케이브
석굴(石窟) 또는 동굴을 의미한다. 여기에서는 수행자들이 수행하고 있는 바위굴.

강고트리의 시바난다 석굴에서 좌선을 끝내고 쉬는 시간, 스와미 라가바난다와 그 도반 스와미에게 기공을 가르치고 있다. 요가만 하다보면 힘을 못쓴다. 기공의 힘이 명상하는 데 얼마나 중요한가를 일깨워주고 있다.

철조망 치고 계셨고 석가모니께서도 수행시 사람 그림자만 비쳐도 자리를 옮기셨다는 얘기가 실감난다.

가족 중 아픈 학생이 있어서 나보고 기치료를 해달라고 데려 왔단다. 수련 뒤 기가 돌기에 한번 기 발산을 느끼게 해준 적이 있었는데 그 경험으로 이 사람들을 데려왔나 보다. 문득, 노자의 무용지물이 되라는 가르침이 새삼스럽게 떠오른다. 조그만한 재주라도 있으면 가만 놔두지 않는 것이 이 세상이다.

힌두성지인 이곳에는 병 고치러 성자를 찾아오는 순례객들이 많다.

 소문이 나면 또 공부는 다 했다 싶었지만 할 수 없이 기공으로 기를 넣어 주고 쉬게 했다. 그랬더니 감사한 마음을 차 공양으로 대접하겠단다. 피곤도 하고 정진도 깨져버려 거기에 응했다. 차 한 잔 마시러 라가바난다 스와미 방으로 갔다. 차를 마시고 있는데 아버지 되는 사람이 느닷없이 나에게 "스와미지, 저는 얼마나 살겠어요? 손금 한번 봐주세요." 한다. 잔을 슬그머니 놓고 나와버렸다.
 이곳 인도도 우리 나라와 비슷하다. 점쟁이 취급이다.

돈에 귀의한 제자

매년 겨울 한 달 카트만두의 보다나트 대탑 입구에 앉아 탁발할 때 주위에 서성거리며 주시하는 인도인이 있었다. 그런데 어느 날 이 인도인이 느닷없이 제자로 받아 달라고 앞에 와서 엎드린다. 그래서 몇 마디 문답을 하고는 중생 한 사람 제도하나 보다 싶어 허락하고는 당장 삭발시키고 맞은 편에 앉혔다. 단 한 가지 조건은 보시금이 들어오면 모두 이곳 터줏대감이신 닌다 텐진 린포체께 헌납해야 한다는 조건이다. 나도 6년 전부터 이 대탑 입구 목이 좋은 곳에 앉아 있었지만 모든 보시금은 린포체한테 그대로 드린다. 물론 사양하시지만….

닌다 텐진 린포체는 40여 년 이곳에 앉아 티벳 순례객들한테 설법과 수기와 영가천도까지 해주시고 있다. 나를 보시고는 허락을 해주셔서 3인의 탁발 가족이 되고부터는 제법 보시금이 두둑히 쌓인다. 그런데 내가 인도로 떠나고 새 제자에게 계속 자리를 지키라고 했더니 이 제자는 며칠 뒤 사라져 버렸단다. 조건도 이행하지 않고….

정말 이것도 직업(?)이라고 현찰이 들어오니 돈 욕심이 안 생길 리 없다. 부랑자로 떠돌며 구걸하다 탁발하는 것을 보니 자기 나름대로 계산하에 더 큰 돈을 만질 거라고 생각했나 보다. 어쨌든 나의 제자는 입문해서 첫 단계에서부터 포기하고 말았다. 그 후 어디에서도 만날 수가 없다.

돈, 돈이 왔다 갔다 하는 곳에서는 마구니가 작동한다. 재물과 색욕은 수행자에게 정말 뿌리치기 힘든 유혹이다. 많은 선지식께서 경책

카트만두 보다나트 대탑 입구. 닌다 린포체와 필지가 아침 탁발을 하고 있을 때 그 동안 주위에서 지켜오던 한 인도 순례객이 제자 입문을 하고 있다. 아마도 힘든 삶보다 잿밥에 더 욕심이 있었나 보다. 돈을 쳐다 보는 눈초리가 심상치 않다.

해주시지만 그런 유혹에 대해서는 누구도 장담할 일이 아니다.

    몇몇 수행자는 그동안 보시하려고 해도 응하지 않았다. 그러나 다음에 만나면 카메라를 달라고 한다. 결국 잔돈 몇 루피는 받지 않겠다는 얘기다. 그럴 때는 처음에 보시를 싫어하는 사두도 있구나 하고 놀라워 했던 마음이 온 데 간 데 없어진다.

스승에게 귀의

무엇보다 종교인이라면 귀의(삼귀의)가 제일 중요하다고 본다. 물론 신심에서 일어나는 참 귀의, 이 귀의를 위해 기도를 하고 염불을 하고 주력을 한다.

이곳 인도에서는 제자가 스승에게 스스럼없이 귀의하며 발에다 머리를 대고 또는 무릎에 이마를 갖다댄다. 불자에게 "부처님 믿습니까?" 하고 물으면 80%는 "믿습니다." 하고 대답한다. 그러나 믿는다는 것과 귀의와는 전혀 다르다. 믿는다는 것은 아직도 믿는 자와 믿는 대상이 있다는 것이다. 즉 주관과 객관이 존재한다.

그러나 귀의는 주관과 객관이 녹아버린 절대의 자리에 도달하는 것이다. 육조 혜능 스님의 삼귀의 풀이 즉 귀의불이란, 제 마음의 깨달음에 귀의하여 삿되고 미혹된 것이 나지 않게 하며, 욕심이 적고 족함을 알아 능히 재물과 여색을 탐하지 않는 것이며, 귀의법이란 자기 마음이 바른 것에 귀의하여 생각들 가운데 삿된 견해가 없으므로 자신에 대한 집착과 남을 업신여기는 교만한 마음도 없고 탐욕과 애욕의 집착이 없는 것이라 하였다. 또한 귀의승이란 자기 마음이 거룩한 데 귀의하여 모든 번뇌와 애욕의 경계에서 자기의 깨끗한 성품이 물들지 않는 것이라 하였다.

참 귀의를 위해서는 스승을 만나야 한다. 참 선지식을 만나기란 정말 힘들다. 그러나 제자가 스승을 선택하려고 하기 때문에, 즉 스승의

시바라트리 페스티벌이 진행되는 네팔 카트만두 파슈파티나트 사원에서(1993)
카트만두 힌두 사원인 파슈파티나트 사원에서는 매년 2월 시바신의 축제인 시바라트리 페스티벌이 열린다. 이때는 인도와 네팔, 히말라야에서 수행하던 사두들이 이곳에 모여 시바신을 찬양한다. 스승을 만난 한 사두가 스승의 발 아래 엎드리며 혼신(渾身)의 귀의(歸依)를 표할 때 스승은 무한한 영적 축복을 내린다. 이 순간 지켜보는 누구라도 가슴 속에서 뭉클한 감동을 느낀다.

발 아래 귀의하는 형식을 취하는 순간 우리 의식은 벌써 분별심과 의심이 일어난다. 정말 이 스승은 깨우친 스승일까? 아니면 겉모습은 그럴 듯한데 사기꾼은 아닐까? 등등. 순간적으로 많은 의문이 스쳐 지나간다. 특히 스승의 재력이나 명성을 보고 가짜 귀의하는 제자가 없다고는 볼 수 없다. 참 귀의야말로 우리 모두에게 절실한 길이다.

히말라야의 수행자들

1997년 8월 11일 초판 발행
2002년 8월 16일 초판 3쇄

사진·글/석혜진
펴낸이/봉화영
펴낸곳/불광출판부

138·844 서울 송파구 석촌동 160-1
대표전화 420·3200
편 집 부 420·3300
팩시밀리 420·3400
http://www.bulkwang.org

등록번호 제1-183호(1979. 10. 10)
ISBN 89-7479-522-1

● 잘못된 책은 바꾸어 드립니다.
값 10,000원

कैलाश-मानसरोवर
Kailash-Mansarovar

नील कण्ठ पर्वत
Neel Kantha Parvat

Sri Badri Nath (3110 mts.)
श्री बद्री नाथ जी

Hemkunt Sahib (4329 mts.)

Nanda Devi (7818 mts.)
नन्दा देवी

श्री केदार नाथ जी
Sri Kedar Nath

Madmaheshwar

Govind Dham

Bhavishya Badri

Gopeshwar

Vridha Badri

Peepal Koti

Chamoli

Adi Badri

Panch Badri — पंचबद्री
1. Sri Badri Nath श्री बद्रीनाथ
2. Adi Badri आदिबद्री
3. Bhavishya Badri भविष्यबद्री
4. Vridh Badri वृद्धबद्री
5. Yog Badri योगबद्री

Panch Kedar — पंचकेदार
1. Sri Kedar Nath श्री केदारनाथ
2. Madmaheshwar मदमहेश्वर
3. Tungnath तुंगनाथ
4. Rudranath रुद्रनाथ
5. Kalpeshwar कल्पेश्वर

Panch Prayag : पंचप्रयाग
1. Devprayag देवप्रयाग
2. Rudraprayag रुद्रप्रयाग
3. Karnaprayag कर्णप्रयाग
4. Nandprayag नन्दप्रयाग
5. Vishnuprayag विष्णुप्रयाग

Gurudwara Sri Hemkunt Sahib
गुरुद्वारा श्री हेमकुण्ट साहिब

उत्तराखण्ड श्री हेमकुण्ट यात्रा

ऋषिकेश से श्रीनगर 105 कि.मी. मोटर मार्ग
श्रीनगर से जोशीमठ 145 कि.मी. मोटर मार्ग
जोशीमठ से गोविन्दघाट 20 कि.मी. मोटर मार्ग
गोविन्दघाट से गोविन्दधाम 15 कि.मी. पैदल मार्ग
गोविन्दधाम से हेमकुण्ट 5 कि.मी. पैदल मार्ग
गोविन्दधाम (घांघरिया) से फूलों की घाटी
5 कि.मी. पैदल मार्ग

Uttarakhand Sri Hemkunt Yatra
Rishikesh to Srinagar 105 km Motor Rd
Srinagar to Joshimath 145 km Motor Rd
Joshimath to Govindghat 20 km Motor Rd
Govindghat to Govinddham 15 km Trek